울산광역시교육청
교육공무직

제1회 소양평가 모의고사

성명		생년월일	
문제 수(배점)	45문항	풀이시간	/ 50분
영역	직무능력검사		
비고	객관식 4지선다형		

✳ 유의사항 ✳

- 문제지 및 답안지의 해당란에 문제유형, 성명, 응시번호를 정확히 기재하세요.
- 모든 기재 및 표기사항은 "컴퓨터용 흑색 수성 사인펜"만 사용합니다.
- 예비 마킹은 중복 답안으로 판독될 수 있습니다.

각 문제에서 가장 적절한 답을 하나만 고르시오.

1. 다음 제시된 단어와 의미가 유사한 단어를 고르시오.

열력

① 고한   ② 경력
③ 괘력   ④ 공백

2. 다음 밑줄 친 단어의 의미와 반대되는 것은?

춘부장께서는 강녕하신가?

① 부주(父主)   ② 선친(先親)
③ 자당(慈堂)   ④ 춘당(椿堂)

3. 다음 제시된 단어의 의미로 옳은 것을 고르시오.

고루하다

① 정체가 확인되지 아니한 어떤 대상에 대하여 누구 또는 무엇이라고 짐작되는 상태에 있다.
② 낡은 관념이나 습관에 젖어 고집이 세고 새로운 것을 잘 받아들이지 아니하다.
③ 시간이 오래 걸리거나 같은 상태가 오래 계속되어 따분하고 싫증이 나다.
④ 쪼개거나 나누어 따로따로 되게 하다.

4. 다음 중 제시된 문장의 밑줄 친 어휘와 같은 의미로 사용된 것을 고르시오.

잔치 음식에는 품이 많이 든다.

① 하숙집에 든 지도 벌써 삼 년이 지났다.
② 언 고기가 익는 데에는 시간이 좀 드는 법이다.
③ 일단 마음에 드는 사람이 있으면 적극적으로 나설 작정이다.
④ 4월에 들어서만 이익금이 두 배로 늘었다.

5. 다음 빈칸에 들어갈 어휘로 가장 적절한 것을 고르시오.

아버지는 비가 오면 (   ) 어머니께 잔치국수를 청하곤 하셨다.

① 바투   ② 엄친
③ 진즉   ④ 어김없이

6. 주어진 한자성어와 의미가 비슷한 것을 고르시오.

천의무봉(天衣無縫)

① 완전무결(完全無缺)
② 와신상담(臥薪嘗膽)
③ 선남선녀(善男善女)
④ 천방지축(天方地軸)

7. ㉠에 들어가기에 적절한 어휘를 고르시오.

활자란, 활판인쇄를 하기 위해서 만든 글자를 말합니다. 나무나 금속 등으로 만들었고, 보통 네모나고 판판한 면에 문자나 기호가 볼록 튀어나온 형태이지요. 인류 최초의 활판인쇄는 목판이었습니다. 우리나라에서는 신라시대에 시작되어 조선시대까지 이용됐습니다. 이 목판활자로 유명한 것이 합천 해인사에 있는 팔만대장경판입니다.
금속활자는 고려시대 때에 시작되었습니다. 현존하는 최고(最古) 금속활자인쇄본인 직지심체요절이 바로 1377년 고려 우왕 때에 청주 흥덕사에서 인쇄한 것이랍니다. 이후 금속활자는 점점 기술이 늘어 조선시대에도 여러 차례 제조되었습니다. 그 중 (㉠)라 할 것이 세종대왕 때 만들어진 갑인자입니다. 갑인년에 만들어졌다고 해서 갑인자(甲寅字)라고 하지요.

① 백미(白眉) 　　② 구십춘광(九十春光)
③ 금상첨화(錦上添花)
④ 약방에 감초

8. 다음을 읽고 알 수 있는 것은?

인간의 몸은 70%의 물로 이루어져 있으며 모든 신체 기관의 기능을 유지하는 데 매우 중요한 부분을 차지한다. 체내 수분은 생태에 일어나는 생화학적 반응의 용매로서 작용할 뿐만 아니라 영양소의 운반·배출·분비, 삼투압 조절 및 체온 조절 등에 관여한다. 적절한 양의 수분 섭취는 혈량을 유지하는 데 필수적이며 체내 영양 공급 및 노폐물 배설에도 주요한 역할을 한다. 신체의 항상성 유지, 면역력 증진 등에도 도움이 된다. 체외로 배출되는 수분은 성인 기준으로 하루 1,400ml, 대변으로 100ml, 땀과 호흡 등으로 1,000ml를 배출한다. 수분 섭취량은 염분 섭취나 체중, 활동량, 신체 칼로리 소모량, 기온 등에 따라 달라지며 매체에서 권장하는 양도 다르지만, 일반적으로 하루에 1.5 ~ 2L까지 섭취할 것을 권장한다.

① 체내 수분의 역할
② 하루 권장 체외 수분 배출량
③ 수분 부족으로 나타나는 증상
④ 수분이 피부미용에 미치는 영향

9. 〈보기〉의 글이 들어갈 위치로 적절한 곳은?

─── 보기 ───

고대 그리스의 민주주의나 마그나 카르타(대헌장) 이후의 영국 민주주의는 귀족이나 특정 신분 계층만이 누릴 수 있는 체제였다.

민주주의, 특히 대중 민주주의의 역사는 생각보다 짧다. ① 우리가 흔히 알고 있는 대중 민주주의, 즉 모든 계층의 성인들이 1인 1표의 투표권을 행사할 수 있는 정치 체제는 영국에서 독립한 미국에서 시작되었다고 보는 것이 맞다. ② 하지만 미국에서조차도 20세기 초에야 여성에게 투표권을 부여하면서 제대로 된 대중 민주주의의 형태를 갖추게 되었다. ③ 유럽의 본격적인 민주주의 도입도 19세기 말에야 시작되었고, 유럽과 미국을 제외한 각국의 대중 민주주의의 도입은 이보다 훨씬 더 늦었다. ④

10. 다음 글을 자연스럽게 배열한 것으로 옳은 것은?

⊙ 다만 수술 시기를 놓치면 녹내장으로 악화하거나 실명할 수도 있기 때문에 조기 발견이 중요합니다. 그렇다면, 백내장의 증상은 어떤 것들이 있을까요?

ⓒ 백내장은 특별한 예방법이 없고, 예방법이 없는 만큼 수술 외에는 확실한 치료법도 없습니다. 다만 백내장 수술은 대체로 예후가 좋은 편이고, 한 번 수술하면 백내장은 재발하지 않습니다.

ⓒ 보통 노안이라고 하면 잘 보이던 눈이 잘 안 보이게 되는 걸 생각하게 됩니다. 그런데 "나는 오히려 잘 보이던데?" 라고 말씀하시는 분들도 계십니다. 이런 분, 만약 계신다면 지금 당장 안과 병원을 찾으셔야 합니다. 백내장 증상 중 하나입니다. 그렇다면 백내장은 어떤 질병일까요?

ⓔ 우리 눈 안에는 수정체라고 하는 투명한 부분이 있는데요, 이 수정체가 뿌예져서 시야가 흐려지는 병이 바로 백내장입니다.

① ㉠ - ㉡ - ㉢ - ㉣   ② ㉡ - ㉢ - ㉣ - ㉠
③ ㉢ - ㉣ - ㉡ - ㉠   ④ ㉣ - ㉠ - ㉢ - ㉡

11. 다음 글의 중심 내용으로 가장 적절한 것은?

> 서로 공유하고 있는 이익의 영역이 확대되면 적국을 뚜렷이 가려내기가 어려워진다. 고도로 상호 작용하는 세계에서 한 국가의 적국은 동시에 그 국가의 협력국이 되기도 한다. 한 예로 소련 정부는 미국을 적국으로 다루는 데 있어서 양면성을 보였다. 그 이유는 소련이 미국을 무역 협력국이자 첨단 기술의 원천으로 필요로 했기 때문이다.
> 만일 중복되는 국가 이익의 영역이 계속 증가하게 되면 결국에 한 국가의 이익과 다른 국가의 이익이 같아질까? 그건 아니다. 고도로 상호 작용하는 세계에서 이익과 이익의 충돌은 사라지는 것이 아니라, 단지 수정되고 변형될 뿐이다. 이익이 자연스럽게 조화되는 일은 상호 의존과 진보된 기술로부터 나오지는 않을 것이다. 유토피아란 상호 작용 또는 기술 연속체를 한없이 따라가더라도 발견되는 것은 아니다. 공유된 이익의 영역이 확장될 수는 있겠지만, 가치와 우선 순위의 차이와 중요한 상황적 차이 때문에 이익 갈등은 계속 존재하게 될 것이다.

① 주요 국가들 간의 상호 의존적 국가 이익은 미래에 빠른 속도로 증가할 것이다.
② 국가 간에 공유된 이익의 확장은 이익 갈등을 변화시키기는 하지만 완전히 소멸시키지는 못한다.
③ 국가 이익은 기술적 진보의 차이와 상호 작용의 한계를 고려할 때 궁극적으로는 실현 불가능할 것이다.
④ 세계 경제가 발전해 가면서 더 많은 상호 작용이 이루어지고 기술이 발전함에 따라 국가 이익들은 자연스럽게 조화된다.

12. 제시된 문장의 뒤에 이어질 문장으로 옳은 것은?

> 애니메이션은 여러 장의 그림이나 화면을 연속으로 촬영한 뒤, 프로그램 등으로 조작하여 그 화면이 움직이는 것처럼 보이게 하는 영화 장르 중 하나이다. 영어 animation은 '영혼'을 뜻하는 anima에서 파생된 말이며, 한자로는 '움직이는 그림'이라는 뜻의 동화(動畫)라고 표현한다.

① 장편 애니메이션은 1937년까지 기다려야 한다.
② 최초의 영화는 1895년 뤼미에르 형제의 열차의 도착이다.
③ 세계 최초의 애니메이션은 1892년 프랑스의 에밀 레이노의 작품이다.
④ 만화(漫畫)는 어떤 사건 등을 과장하거나 생략하여 익살스럽게 그린 여러 장 또는 칸의 그림이다.

13. 다음 〈보기〉와 같은 문장의 빈칸 ㉠~㉣에 들어갈 알맞은 어휘를 순서대로 나열한 것은 어느 것인가?

> ──── 보기 ────
> • 많은 노력을 기울인 만큼 이번엔 네가 반드시 1등이 (㉠)한다고 말씀하셨다.
> • 계약서에 명시된 바에 따라 한 치의 오차도 없이 일이 추진(㉡)를 기대한다.
> • 당신의 배우자가 (㉢) 평생 외롭지 않게 해 줄 자신이 있습니다.
> • 스승이란 모름지기 제자들의 마음을 어루만져 줄 수 있는 사람이 (㉣)한다.

① 돼어야, 되기, 되어, 되야
② 되어야, 돼기, 돼어, 되야
③ 되어야, 되기, 되어, 돼야
④ 돼어야, 돼기, 돼어, 되어야

14. 남자 7명, 여자 5명으로 구성된 프로젝트 팀의 원활한 운영을 위해 운영진 두 명을 선출하려고 한다. 남자가 한 명도 선출되지 않을 확률은?

① $\dfrac{1}{11}$ ② $\dfrac{4}{33}$

③ $\dfrac{5}{33}$ ④ $\dfrac{2}{11}$

15. 다음 계산식 중 괄호 안에 들어갈 알맞은 수를 고르시오.

$$(33 + (\ \ )) \times 15 = 900$$

① 18

② 20

③ 25

④ 27

16. 지영이 집에서 공원까지 시속 14km로 달리고, 공원에서 집으로 돌아올 때에는 시속 6km로 달려서 1시간 반 만에 돌아왔다. 오고 가는 길이 같을 때, 지영의 집에서 공원까리의 거리는? (단, 지영이 공원에서 머물렀던 시간을 고려하지 않는다.)

① 5.7km

② 6.0km

③ 6.3km

④ 6.5km

17. 월드컵 축구 본선 경기는 리그전과 토너먼트로 진행된다. 리그전은 조별로 경기에 참가한 팀이 돌아가면서 모두 경기하는 방식이고, 토너먼트는 이긴 팀만이 다음 경기에 진출하고 진 팀은 탈락하는 방식이다. 경기가 다음과 같이 진행된다고 할 때 전체 경기 수는 몇 경기인가?

> • 32개 팀을 한 조에 4개 팀씩 8개조로 나누어 먼저 각 조에서 리그전을 한다.
> • 각 조의 상위 2개 팀이 16강에 진출하여 토너먼트를 한다.
> • 준결승전에서 이긴 팀끼리 1·2위전을 하고 진 팀끼리 3·4위전을 한다.

① 63

② 64

③ 86

④ 126

18. 4% 소금물에 8% 소금물을 섞어서 5% 소금물 800g을 만들 때, 사용된 4% 소금물의 무게는?

① 400g   ② 500g

③ 600g   ④ 700g

19. 다음 표는 각국의 연구비에 대한 부담원과 사용 조직을 제시한 것이다. 알맞은 것은?

(단위 : 억 원)

부담원	사용 조직	일본	미국	독일	프랑스	영국
정부	정부	8,827	33,400	6,590	7,227	4,278
	산업	1,028	71,300	4,526	3,646	3,888
	대학	10,921	28,860	7,115	4,424	4,222
산업	정부	707	0	393	52	472
	산업	81,161	145,000	34,771	11,867	16,799
	대학	458	2,300	575	58	322

① 독일 정부가 부담하는 연구비는 미국 정부가 부담하는 연구비의 약 반이다.
② 정부 부담 연구비 중에서 산업의 사용 비율이 가장 높은 것은 프랑스이다.
③ 산업이 부담하는 연구비를 산업 자신이 사용하는 비율이 가장 높은 것은 프랑스이다.
④ 미국의 대학이 사용하는 연구비는 일본의 대학이 사용하는 연구비의 약 두 배이다.

┃20~21┃ 다음 두 자료는 1930~1936년 소작쟁의 현황에 관한 자료이다. 두 표를 보고 물음에 답하시오.

〈표1〉 소작쟁의 참여인원

(단위 : 명)

구분	1930년	1931년	1932년	1933년	1934년	1935년	1936년
지주	860	1,045	359	1,693	6,090	22,842	29,673
마름	0	0	0	586	1,767	3,958	3,262
소작인	12,151	9,237	4,327	8,058	14,597	32,219	39,518
전체	13,011	10,282	4,686	10,337	22,454	59,019	72,453

〈표2〉 지역별 소작쟁의 발생건수

(단위 : 건)

지역	1930년	1931년	1932년	1933년	1934년	1935년	1936년
강원도	4	1	6	4	92	734	2,677
경기도	95	54	24	119	321	1,873	1,299
경상도	230	92	59	300	1,182	5,633	7,040
전라도	240	224	110	1,263	5,022	11,065	7,712
충청도	139	315	92	232	678	3,714	8,136
평안도	5	1	0	16	68	1,311	1,733
함경도	0	0	0	2	3	263	404
황해도	13	10	14	41	178	1,241	947
전국	726	697	305	1,977	7,544	25,834	29,948

20. 위의 두 표에 관한 설명으로 옳지 않은 것은?

① 1932년부터 지주의 소작쟁의 참여 인원은 매년 증가하고 있다.

② 전국 소작쟁의 발생 건수에서 강원도 소작쟁의 발생 건수가 차지하는 비중은 1933년보다 1934년에 증가했다.

③ 충청도의 1936년 소작쟁의 발생 건수는 전년도의 두 배 이상이다.

④ 1930년에 비해 1931년에 소작쟁의 발생건수가 증가한 지역은 없다.

21. 위의 두 표에서 전국 소작쟁의 발생 건당 참여 인원이 가장 많은 해는? (단, 소수점 셋째 자리에서 반올림한다.)

① 1930년   ② 1933년

③ 1934년   ④ 1935년

22. 다음 〈표〉는 콩 교역에 관한 자료이다. 이 자료에 대한 설명으로 옳지 않은 것은?

(단위 : 만 톤)

순위	수출국	수출량	수입국	수입량
1	미국	3,102	중국	1,819
2	브라질	1,989	네덜란드	544
3	아르헨티나	871	일본	517
4	파라과이	173	독일	452
5	네덜란드	156	멕시코	418
6	캐나다	87	스페인	310
7	중국	27	대만	169
8	인도	24	벨기에	152
9	우루과이	18	한국	151
10	볼리비아	12	이탈리아	144

① 이탈리아 수입량은 볼리비아 수출량의 12배이다.

② 수출량과 수입량 모두 상위 10위에 들어있는 국가는 네덜란드뿐이다.

③ 캐나다의 콩 수출량은 중국, 인도, 우루과이, 볼리비아 수출량을 합친 것보다 많다.

④ 수출국 1위와 10위의 수출량은 약 250배 이상 차이난다.

23. 다음은 A지역에서 개최하는 전시회의 연도별, 기업별 부스 방문객 현황을 나타낸 자료이다. 이를 통해 알 수 있는 내용으로 적절하지 않은 것은?

(단위 : 명)

연도 전시기업	2020년	2021년	2022년	2023년	2024년	2025년
甲 기업	1,742	2,011	2,135	2,243	2,413	2,432
乙 기업	2,418	2,499	2,513	2,132	2,521	2,145
丙 기업	3,224	3,424	3,124	3,017	3,114	3,011
丁 기업	1,245	1,526	1,655	1,899	2,013	2,114
戊 기업	2,366	2,666	2,974	3,015	3,115	3,458
己 기업	524	611	688	763	1,015	1,142
庚 기업	491	574	574	630	836	828
전체	12,010	13,311	13,663	13,699	15,027	15,130

① 전시회 참여 업체의 평균 방문객 수를 알 수 있다.

② 전시회의 연도별 전체 방문객 방문 현황을 알 수 있다.

③ 각 기업별 전시회 참여를 통한 매출 변동을 알 수 있다.

④ 방문객이 가장 많은 기업의 연도별 방문객 변동 내역을 확인할 수 있다.

24. 도표는 국민 1,000명을 대상으로 준법 의식 실태를 조사한 결과이다. 이에 대한 분석으로 가장 타당한 것은?

> • 설문 1 : "우리나라에서는 법을 위반해도 돈과 권력이 있는 사람은 처벌받지 않는 경향이 있다."라는 주장에 동의합니까?
>
> (단위 : %)
>
> 아니다 · 매우 아니다 · 기타(4.9)
> 그렇다(46.4)
> 매우 그렇다(48.7)
>
> • 설문 2 : 우리나라에서 분쟁의 해결 수단으로 가장 많이 사용되는 것은 무엇이라 생각합니까?
>
> (단위 : %)
>
> 연줄(6.3) 기타(4.9)
> 법률(19.9) 권력(39.6)
> 돈(30.4)

① 전반적으로 준법 의식이 높은 편이다.
② 권력보다는 법이 우선한다고 생각한다.
③ 법이 공정하게 집행되지 않는다고 본다.
④ 악법도 법이라는 사고가 널리 퍼져 있다.

25. 다음 중 제시된 도형과 같은 도형을 찾으시오.

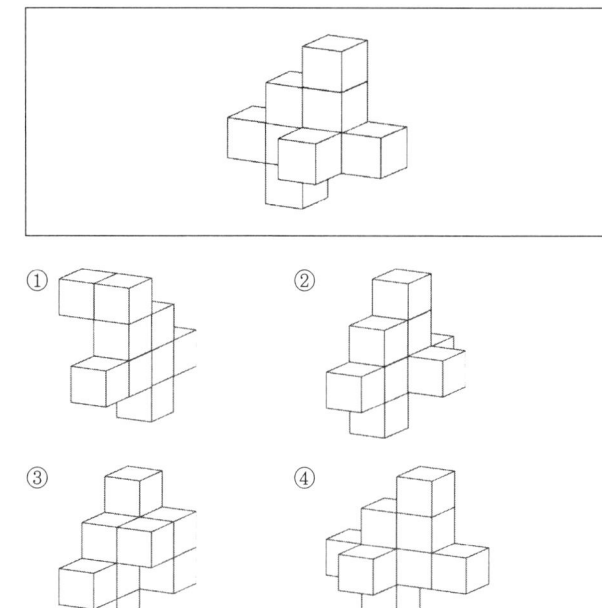

①
②
③
④

26. A는 도형 색깔 변환, B는 상하 대칭, C는 좌우 대칭의 규칙을 가질 때 마지막에 제시되어야 하는 도형은?

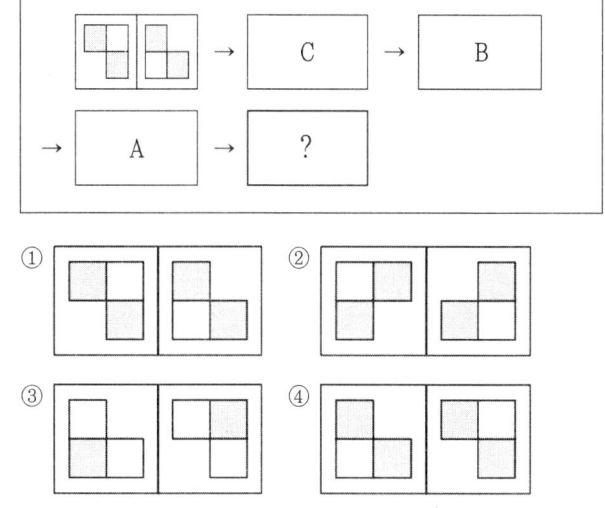

①
②
③
④

27. 다음과 같이 종이를 접은 후 구멍을 뚫고 펼친 뒤의 그림으로 옳은 것을 고르시오.

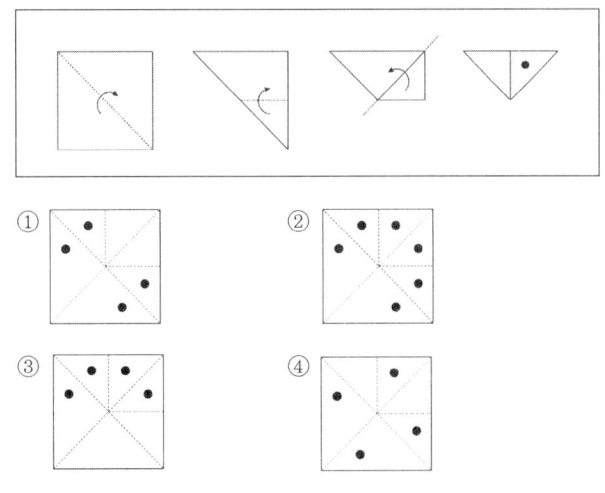

① ② ③ ④

28. 다음 제시된 전개도로 만들 수 있는 주사위로 적절한 것을 고르시오. (단, 그림은 회전의 효과를 반영한다.)

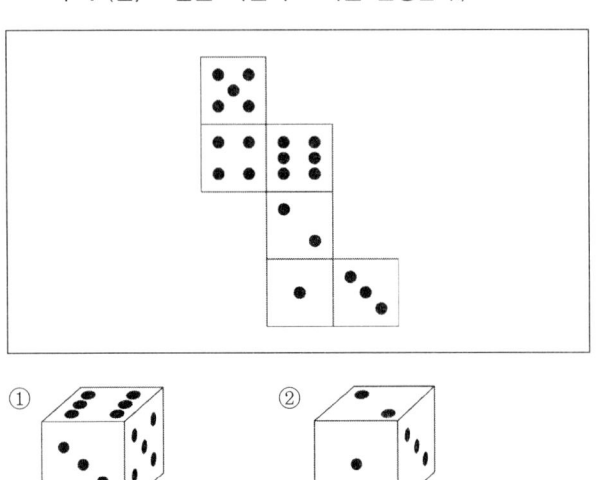

①  ②

③ 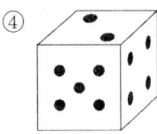 ④

29. 제시된 그림과 같이 쌓기 위해 필요한 블록의 수는? (단, 블록의 모양과 크기는 모두 동일한 정육면체이다.)

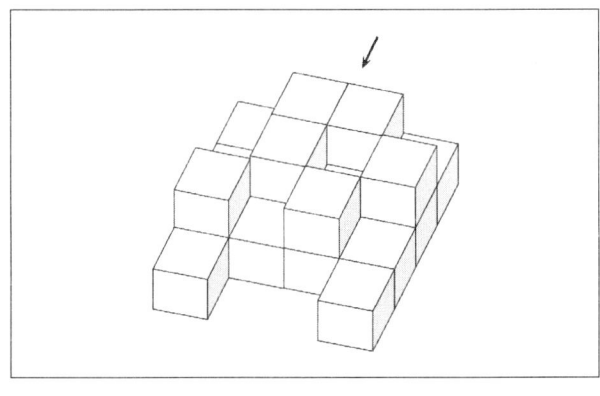

① 18개 ② 20개

③ 22개 ④ 23개

▌30~31 ▌ 나열된 숫자의 규칙을 찾아 빈칸에 들어가기 적절한 수를 고르시오.

30.

| 25 32 37 47 58 71 79 ( ) |

① 82 ② 87

③ 91 ④ 95

31.

| 2 8 4 16 12 48 ( ) 176 |

① 42 ② 44

③ 46 ④ 48

32. 빈칸에 들어갈 알맞은 수를 고르시오.

| 5&8 = 8   6&7 = 6   4&4 = 32   3&9 = (   ) |

① 15   ② 17

③ 19   ④ 21

┃33~34┃ 일정한 규칙에 의해 배열된 수나 문자를 추리하여 ( ) 안에 알맞은 것을 고르시오.

33.

| C − F − L − U − (   ) |

① B   ② D

③ G   ④ I

34.

| ㄱ − ㅋ − ㅈ − ㅅ − ㅁ − (   ) |

① ㄴ   ② ㄷ

③ ㅂ   ④ ㅇ

35. 다음의 빈칸에 들어갈 알맞은 수를 고르시오.

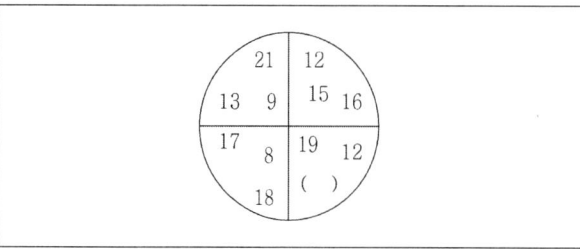

① 10

② 11

③ 12

④ 13

36. 다음 도형들의 일정한 규칙을 찾아 '?' 표시된 부분에 들어갈 도형을 고르시오.

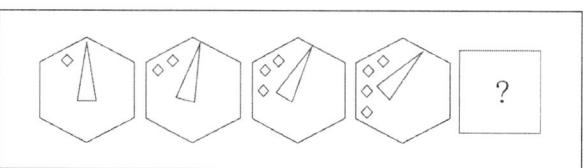

① 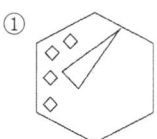   ②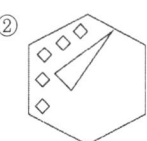

③ 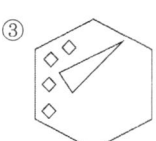   ④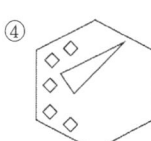

▎37~38 ▎ 다음의 말이 참일 때 항상 참인 것을 고르시오.

37.

> • 라면을 좋아하는 사람은 국수도 좋아한다.
> • 혼자 사는 사람은 야식을 자주 먹고, 라면도 좋아한다.
> • 국수를 좋아하는 사람은 면 요리를 즐겨 먹는다.

① 라면을 좋아하는 사람은 면 요리를 즐겨 먹지 않는다.
② 국수를 좋아하는 사람은 혼자 살지 않는 사람이다.
③ 면 요리를 즐겨 먹는 사람은 모두 혼자 산다.
④ 혼자 사는 사람은 면 요리를 즐겨 먹는다.

38. 책장에 4권의 책(국어, 수학, 영어, 사전)이 있다. 다음의 내용을 근거로 책의 순서를 바르게 나열한 것은?

> • 영어책은 수학책과 사전 사이에 있다.
> • 국어책은 사전과 함께 있고 영어책과는 같이 있지 않다.
> • 수학책은 맨 앞에 있지 않다.

① 국어 – 사전 – 수학 – 영어
② 국어 – 사전 – 영어 – 수학
③ 영어 – 수학 – 국어 – 사전
④ 영어 – 사전 – 수학 – 국어

39. 회사에서 4명의 직원을 나주, 목포, 여수로 출장 보내고자 한다. 주어진 조건을 모두 고려했을 때, 목포로 출장을 가는 사람은 누구인가?

> • 甲은 목포 또는 여수로 가고 싶어 한다.
> • 乙은 甲과 함께 가고 싶지 않아 한다.
> • 丙은 乙과 함께 가야 한다.
> • 丙은 나주 또는 여수로 가고 싶어 한다.
> • 丁은 나주 또는 목포로 가고 싶어 한다.

① 甲
② 乙
③ 丙
④ 丁

40. "다이어트에 성공한 사람은 운동을 꾸준히 했다."라는 명제가 참일 때, 항상 참인 명제를 고르시오.

① 운동을 꾸준히 하지 않으면 다이어트에 성공할 수 없다.
② 다이어트에 성공하지 못한 사람은 운동을 꾸준히 했다.
③ 다이어트에 성공하지 못한 사람은 운동을 꾸준히 하지 않았다.
④ 다이어트에 성공한 사람은 운동을 꾸준히 하지 않았다.

41. 보기를 참고하여 제시된 단어를 바르게 표기한 것을 고르시오.

a = 소	b = 전	c = 원	d = 결
e = 망	f = 명	g = 리	h = 해
i = 개	j = 성	k = 설	l = 특

망 명 소 원 해 성

① e f a c h j
② e a f c h j
③ e f c a h j
④ e c f a h j

42. 다음 중 같은 원리로 사용되는 도구를 사용한 사람을 올바르게 짝지은 것은?

- 민식이는 장도리 뒤에 달린 클로(Claw)를 이용하여 벽에 박힌 못을 뽑았다.
- 가희는 고정 도르래가 달린 국기 게양대의 태극기를 높이 올려 달았다.
- 미진이는 가위를 이용해서 두꺼운 종이를 잘랐다.
- 벽에 액자를 다는 데 수진이는 그냥 못을, 재정이는 나사못을 사용했다.

① 민식, 가희
② 민식, 미진
③ 가희, 미진
④ 미진, 수진

43. 우리 주위에서 일어나는 다음 현상들과 가장 관련이 깊은 것은?

- 뛰어가다 발이 돌부리에 걸리면 앞으로 넘어진다.
- 버스가 갑자기 출발하면 승객들이 뒤로 넘어진다.
- 무거운 기차는 출발도 느리지만 쉽게 정지하지도 못한다.

① 관성
② 탄성
③ 중력
④ 에너지

44. 찬 음료가 담긴 컵 표면에 물방울이 맺히는 과학적 현상은?

① 융해
② 응고
③ 기화
④ 액화

45. 다음 설명에 해당하는 식물의 기관은?

- 기공이 있다.
- 증산작용이 일어난다.
- 빛을 받아 포도당(녹말)을 만든다.

① 잎
② 꽃
③ 뿌리
④ 열매

울산광역시교육청
수학교육가 모의고사

절취선

성명	
(자 필 성 명)	

생	년	월	일

⓪	⓪	⓪	⓪	⓪	⓪	⓪	⓪
①	①	①	①	①	①	①	①
②	②	②	②	②	②	②	②
③	③	③	③	③	③	③	③
④	④	④	④	④	④	④	④
⑤	⑤	⑤	⑤	⑤	⑤	⑤	⑤
⑥	⑥	⑥	⑥	⑥	⑥	⑥	⑥
⑦	⑦	⑦	⑦	⑦	⑦	⑦	⑦
⑧	⑧	⑧	⑧	⑧	⑧	⑧	⑧
⑨	⑨	⑨	⑨	⑨	⑨	⑨	⑨

문번	답란				문번	답란				문번	답란			
1	①	②	③	④	21	①	②	③	④	41	①	②	③	④
2	①	②	③	④	22	①	②	③	④	42	①	②	③	④
3	①	②	③	④	23	①	②	③	④	43	①	②	③	④
4	①	②	③	④	24	①	②	③	④	44	①	②	③	④
5	①	②	③	④	25	①	②	③	④	45	①	②	③	④
6	①	②	③	④	26	①	②	③	④					
7	①	②	③	④	27	①	②	③	④					
8	①	②	③	④	28	①	②	③	④					
9	①	②	③	④	29	①	②	③	④					
10	①	②	③	④	30	①	②	③	④					
11	①	②	③	④	31	①	②	③	④					
12	①	②	③	④	32	①	②	③	④					
13	①	②	③	④	33	①	②	③	④					
14	①	②	③	④	34	①	②	③	④					
15	①	②	③	④	35	①	②	③	④					
16	①	②	③	④	36	①	②	③	④					
17	①	②	③	④	37	①	②	③	④					
18	①	②	③	④	38	①	②	③	④					
19	①	②	③	④	39	①	②	③	④					
20	①	②	③	④	40	①	②	③	④					

SEOWONGAK

울산광역시교육청 교육공무직

제2회 소양평가 모의고사

성명		생년월일	
문제 수(배점)	45문항	풀이시간	/ 50분
영역	직무능력검사		
비고	객관식 4지선다형		

✳ 유의사항 ✳

• 문제지 및 답안지의 해당란에 문제유형, 성명, 응시번호를 정확히 기재하세요.

• 모든 기재 및 표기사항은 "컴퓨터용 흑색 수성 사인펜"만 사용합니다.

• 예비 마킹은 중복 답안으로 판독될 수 있습니다.

각 문제에서 가장 적절한 답을 하나만 고르시오.

1. 다음 제시된 단어와 의미가 유사한 단어를 고르시오.

> 돈재

① 경향
② 운집
③ 진보
④ 기지

2. 다음 제시된 의미를 갖는 순우리말은?

> 여럿이 다 매우 가깝게 붙어있는 모양

① 다붓다붓
② 뻐글뻐글
③ 애면글면
④ 포갬포갬

3. 다음 제시된 단어의 의미로 옳은 것을 고르시오.

> 앙망하다

① 잘못 판단하다.
② 조금 넓고 판판하다.
③ 바람이나 희망이 실현되기를 바라다.
④ 외양이나 태도가 아양을 부리는 것 같다.

4. 다음 중 제시된 문장의 밑줄 친 어휘와 같은 의미로 사용된 것을 고르시오.

> 장작을 한아름 지고 와서는 뭘 하는지 한참을 뚝딱거렸다.

① 손에는 들고 등에는 지고 힘차게 걷는다.
② 해가 지고 나면 어머니는 꼭 문을 열어 두었다.
③ 둘이서 싸우면 이상하게 항상 미주가 지는 꼴이다.
④ 강둑에 앉아 노을이 지는 걸 말없이 바라보았다.

5. 다음 중 밑줄 친 표현이 자연스럽지 않은 것은?

① 그 애는 연기학교 1학년 때부터 연기 잘 한다고 소문이 났던 애야. 낭중지추라니까.
② 설상가상이라더니, 영화제 여우주연상에 이어 드라마에서도 연기대상을 수상했습니다.
③ 많은 영화에 약방의 감초처럼 빠지지 않던 명품 조연배우! 이번에는 주연으로 돌아왔습니다.
④ 그야말로 천의무봉! 연기면 연기, 노래면 노래, 예능이면 예능! 모든 분야를 휩쓸고 있습니다.

6. 다음에 제시된 글을 흐름이 자연스럽도록 순서대로 배열하시오.

우리에게 친숙한 동물들의 사소한 행동을 살펴보면 그들이 자신의 환경을 개조한다는 것을 알 수 있다.

㉠ 이처럼 동물들은 자신의 목적을 위해 행동함으로써 환경을 변형시킨다.

㉡ 가장 단순한 생명체는 먹이가 그들에게 헤엄쳐 오게 만들고, 고등 동물은 먹이를 구하기 위해 땅을 파거나 포획 대상을 추적하기도 한다.

㉢ 그러나 이러한 설명은 생명체들이 그들의 환경 개변(改變)에 능동적으로 행동한다는 중요한 사실을 놓치고 있다.

㉣ 이러한 생존 방식을 흔히 환경에 적응하는 것으로 설명한다.

① ㉠-㉡-㉢-㉣   ② ㉡-㉣-㉠-㉢
③ ㉡-㉠-㉣-㉢   ④ ㉢-㉠-㉡-㉣

7. 다음 글의 ( )에 들어갈 접속어로 옳은 것은?

사회는 수영장과 같다. 수영장에는 헤엄을 잘 치고 다이빙을 즐기는 사람이 있는가 하면, 헤엄에 익숙지 않은 사람도 있다. 사회에도 권력과 돈을 가진 사람이 있는가 하면, 그렇지 못한 사람도 존재한다. 헤엄을 잘 치고 다이빙을 즐기는 사람이 바라는 수영장과 헤엄에 익숙지 못한 사람이 바라는 수영장은 서로 다를 수밖에 없다. 전자는 높은 데서부터 다이빙을 즐길 수 있게끔 물이 깊은 수영장을 원하지만, 후자는 그렇지 않다. (㉠) 문제는 사회라는 수영장이 하나밖에 없다는 것이다. (㉡) 수영장을 어떻게 만들 것인지에 관하여 전자와 후자 사이에 갈등이 생기고 쟁투가 벌어진다.

	㉠	㉡		㉠	㉡
①	그러나	하지만	②	그러나	한편
③	그런데	그래서	④	그런데	반면에

8. 다음 글을 읽고 알 수 있는 내용이 아닌 것은?

WTO 설립 협정은 GATT 체제에서 관행으로 유지되었던 의사 결정 방식인 총의 제도를 명문화하였다. 동 협정은 의사 결정 회의에 참석한 회원국 중 어느 회원국도 공식적으로 반대하지 않는 한, 검토를 위해 제출된 사항은 총의에 의해 결정되었다고 규정하고 있다. 또한 이에 따르면 회원국이 의사 결정 회의에 불참하더라도 그 불참은 반대가 아닌 찬성으로 간주된다.

총의 제도는 회원국 간 정치 · 경제적 영향력의 차이를 보완하기 위하여 도입되었다. 그러나 회원국 수가 확대되고 이해관계가 첨예화하면서 현실적으로 총의가 이루어지기 쉽지 않았다. 이로 인해 WTO 체제 내에서 모든 회원국이 참여하는 새로운 무역 협정이 체결되는 것이 어려웠고 결과적으로 무역 자유화 촉진 및 확산이 저해되고 있다. 이러한 문제의 해결 방안으로 '부속서 4 복수국 간 무역 협정 방식'과 '임계질량 복수국 간 무역 협정 방식'이 모색되었다.

① GATT에서 총의 제도를 이용한 의사결정 방식을 사용하였다.

② WTO의 기존 의사 결정 제도를 보완하기 위한 방안을 찾고 있다.

③ WTO에서 회원국이 회의에 불참하는 것은 찬성을 의미한다.

④ 총의 제도는 회원국 간 정치적 영향력 격차를 벌어지게 만든다.

9. 다음 글을 읽고 얻을 수 있는 결론은?

> 유대교 신비주의 하시디즘에는 이런 우화가 전해진다. 사람이 죽으면 그 영혼은 천국의 문 앞에 있는 커다란 나무 앞으로 가게 된다. '슬픔의 나무'라고 불리는 그 나무에는 사람들이 삶에서 겪은 온갖 슬픈 이야기들이 가지마다 매달려 있다. 이제 막 그곳에 도착한 영혼은 그곳에 적혀 있는 다른 사람들의 이야기를 읽는다. 마지막에 이르러 천사는 그 영혼에게 이야기들 중 어떤 것을 선택해서 다음 생을 살고 싶은가를 묻는다. 자신이 보기에 가장 덜 슬퍼 보이는 삶을 선택하면, 다음 생에 그렇게 살게 해주겠다는 것이다. 하지만 어떤 영혼이든 결국에는 자신이 살았던 삶을 다시 선택하게 된다고 우화는 말한다.

① 남의 이야기는 늘 슬프게 느껴진다.
② 자기 삶에 대해 후회하기 마련이다.
③ 자신의 현실을 긍정하는 것이 필요하다.
④ 남의 삶과 자신의 삶을 비교하는 것은 어리석다.

10. 다음 보기 중 어법에 맞는 문장은?

① 시간 내에 역에 도착하려면 <u>가능한</u> 빨리 달려야 합니다.
② 그다지 효과적이지 <u>않는</u> 비판이 계속 이어지면서 회의 분위기는 급격히 안 좋아졌다.
③ 그는 <u>그들에</u> 뒤지지 않기 위해 끊임없는 노력을 계속하였다.
④ 부서원 대부분은 주말 근무 시간을 <u>늘리는</u> 것에 매우 부정적입니다.

11. 다음을 읽고, 빈칸에 들어갈 내용으로 가장 알맞은 것을 고르시오.

> 사람들은 _____ 아파트가 몰려있는 지역에서는 부녀회 등을 만들어서 화단에 나무와 꽃을 심는 일, 탁아소를 운영하는 일 등 여러 가지 생활 문제를 협의한다. 그리고 사람들은 주차 공간을 확보하기 위해 서로 싸우기도 한다. 농어촌에서는 협동조합을 만들어 운영한다. 협동조합은 농산물이나 축산물, 수산물 등을 공동으로 내다팔아 생산자가 손해를 입지 않도록 한다. 회사원들은 자신들의 근무 조건을 개선하고 권리를 보호하기 위하여 노동조합을 만들어 문제점을 서로 토의하여 해결해 나가기도 한다.

① 자신의 거주지 근처에 혐오시설이 지어지는 것을 극심하게 반대한다.
② 서로의 생활을 침해하거나 관심을 가지는 것을 싫어한다.
③ 더 좋은 시설들이 거주지 근처에 생기도록 물심양면으로 애를 쓴다.
④ 현재의 생활 환경을 더욱 나은 환경으로 개선하기 위해 많은 노력을 한다.

┃12~13┃ 다음 글을 읽고 물음에 답하시오.

(가) 바야흐로 "21세기는 문화의 세기가 될 것이다."라는 전망과 주장은 단순한 바람의 차원을 넘어서 보편적 현상으로 인식되고 있다. 이러한 현상은 세계 질서가 유형의 자원이 힘이 되었던 산업 사회에서 눈에 보이지 않는 무형의 지식과 정보가 경쟁력의 원천이 되는 지식 정보 사회로 재편되는 것과 맥을 같이 한다.

(나) 지금까지의 산업 사회에서 문화와 경제는 각각 독자적인 영역을 유지해 왔다. 그러나 지식 정보 사회에서는 경제 성장에 따라 소득 수준이 향상되고 교육 기회가 확대되면서 물질적 풍요를 뛰어넘는 삶의 질을 고민하게 되었고, 모든 재화와 서비스를 선택할 때 기능성을 능가하는 문화적, 미적 가치를 고려하게 되었다.

(다) 이제 문화는 배부른 자나 유한계급의 전유물이 아니라 생활 그 자체가 되었다. 고급문화와 대중문화의 경계가 무너지고 장르 간 구분이 모호해지면서 서로 다른 문화가 뒤섞여 새로운 문화가 생겨나고 있다. 이렇게 해서 나타나는 퓨전 문화가 대중적 관심을 끌고 있는 가운데 이율배반적인 것처럼 보였던 문화와 경제의 공생 시대가 열린 것이다. 특히 경제적 측면에서 문화는 고전 경제학에서 말하는 생산의 3대 요소인 토지·노동·자본을 대체하는 생산 요소가 되었을 뿐만 아니라 경제적 자본 이상의 주요한 자본이 되고 있다.

12. 주어진 글의 내용과 일치하지 않는 것은?

① 문화와 경제가 서로 도움이 되는 보완적 기능을 하는 공생 시대가 열렸다.
② 산업 사회에서 문화와 경제는 각각 독자적인 영역을 유지해 왔다.
③ 이제 문화는 부유층의 전유물이 아니라 생활 그 자체가 되었다.
④ 고급문화와 대중문화가 각자의 영역을 확고히 굳히며 그 깊이를 더하고 있다.

13. 주어진 글의 흐름에서 볼 때 아래의 글이 들어갈 적절한 곳은?

이 뿐만 아니라 정보 통신이 급격하게 발달함에 따라 세계 각국의 다양한 문화를 보다 빠르게 수용하면서 문화적 욕구와 소비를 가속화시켰고, 그 상황 속에서 문화와 경제는 서로 도움이 되는 보완적 기능을 하게 되었다.

① (가) 앞
② (가)와 (나) 사이
③ (나)와 (다) 사이
④ (다) 다음

14. 야유회 선발대로 남자 5명, 여자 4명 중 4명을 뽑을 때 적어도 남녀 1명씩 포함되는 경우의 수는?

① 120가지
② 125가지
③ 132가지
④ 140가지

15. 수레 A와 B에는 각각 백과사전과 국어사전이 같은 개수만큼 실려 있다. 백과사전과 국어사전 무게의 비는 3 : 2이다. 백과사전을 실은 수레가 너무 무거워서 백과사전 10권을 수레 B로 옮겼더니 두 수레에 실린 책의 무게가 같아졌을 때, 처음 수레에 실려 있던 백과사전은 총 몇 권인가?

① 50권
② 55권
③ 60권
④ 65권

16. 서원이는 소금물 A 100g과 소금물 B 300g을 섞어 15%의 소금물을 만들려고 했는데 실수로 두 소금물 A와 B의 양을 반대로 섞어 35%의 소금물을 만들었다. 두 소금물 A, B의 농도는 각각 얼마인가?

① A : 30%, B : 10%

② A : 35%, B : 5%

③ A : 40%, B : 10%

④ A : 45%, B : 5%

17. 어느 가게에서 원가가 300원인 A제품과 원가가 200원인 B제품을 합하여 250개를 구입하여 A제품은 20%, B제품은 25%의 이익을 붙여서 정가를 정하였다. 두 제품을 모두 판매하면 13,500원의 이익이 생길 때, B제품의 개수는?

① 100개

② 120개

③ 130개

④ 150개

18. 교육청 A부서 직원들은 연간 프로젝트를 나누어 진행하고자 한다. 한 사람당 프로젝트를 5개씩 맡을 경우 2개의 프로젝트가 남고, 6개씩 맡을 경우 직원 6명이 다른 직원들보다 1개 덜 맡게 된다고 할 때 A부서 직원은 모두 몇 명인가?

① 6명

② 7명

③ 8명

④ 9명

19. 다음은 '갑' 지역의 연도별 65세 기준 인구의 분포를 나타낸 자료이다. 이에 대한 올바른 해석은 어느 것인가?

구분	인구 수(명)		
	계	65세 미만	65세 이상
2016년	66,557	51,919	14,638
2017년	68,270	53,281	14,989
2018년	150,437	135,130	15,307
2019년	243,023	227,639	15,384
2020년	325,244	310,175	15,069
2021년	465,354	450,293	15,061
2022년	573,176	557,906	15,270
2023년	659,619	644,247	15,372

① 65세 미만 인구수는 조금씩 감소하였다.

② 2023년 인구수가 2016년에 비해 약 10배로 증가한 데에는 65세 미만 인구수의 영향이 크다.

③ 65세 이상 인구수는 매년 지속적으로 증가하였다.

④ 65세 이상 인구수는 매년 전체의 5% 이상이다.

20. 다음 A국, B국의 경제 활동 인구를 나타낸 자료를 보고 A국의 실업자 수는 15세 이상 인구의 몇 %인지 구하시오. (단, 소수점 둘째 자리에서 반올림한다.)

〈20xx년 A국과 B국의 경제활동인구〉

(단위 : 천 명, %)

구분	계	A국	B국
15세 이상 인구	51,307	( )	24,967
취업자	25,613	10,641	14972
실업자	889	421	( )
경제활동참가율	( )	70.5	81.6
실업률	( )	( )	4.2

※ 1) 경제활동참가율 = 경제활동 참가자 수/15세 이상 인구 × 100

2) 경제활동 참가자 = 취업자 + 실업자

3) 실업률 = 실업자 수/경제활동 참가자 수 × 100

4) 경제활동참가율과 실업률은 소수점 둘째 자리에서 반올림한다.

① 1.6%

② 1.7%

③ 2.1%

④ 2.2%

21. 다음과 같은 자료를 활용하여 작성할 수 있는 하위 자료로 적절하지 않은 것은 어느 것인가?

(단위 : 천 가구, 천 명, %)

구분	2019년	2020년	2021년	2022년	2023년
농가	1,142	1,121	1,089	1,068	1,042
농가 비율(%)	6.2	6.0	5.7	5.5	5.3
농가 인구	2,847	2,752	2,569	2,496	2,422
남자	1,387	1,340	1,265	1,222	1,184
여자	1,461	1,412	1,305	1,275	1,238
성비	94.9	94.9	96.9	95.9	95.7
농가인구 비율(%)	5.6	5.4	5.0	4.9	4.7

* 농가 비율과 농가인구 비율은 총 가구 및 총인구에 대한 농가 및 농가인구의 비율임

① 2019 ~ 2023년 기간의 연 평균 농가의 수

② 연도별 농가당 성인 농가인구의 수

③ 총인구 대비 남성과 여성의 농가인구 구성비

④ 연도별, 성별 농가인구 증감 수

│22~23│ 다음은 정책대상자 294명과 전문가 33명을 대상으로 정책 과제에 대한 정책만족도를 조사한 자료이다. 이어지는 물음에 답하시오.

〈표 1〉 정책대상자의 항목별 정책만족도

(단위 : %)

만족도 / 항목	매우 만족	약간 만족	보통	약간 불만족	매우 불만족
의견수렴도	4.8	28.2	34.0	26.9	6.1
적절성	7.8	44.9	26.9	17.3	3.1
효과성	6.5	31.6	32.7	24.1	5.1
체감만족도	3.1	27.9	37.4	26.5	5.1

〈표 2〉 전문가의 항목별 정책만족도

(단위 : %)

만족도 / 항목	매우 만족	약간 만족	보통	약간 불만족	매우 불만족
의견수렴도	3.0	24.2	30.3	36.4	6.1
적절성	3.0	60.6	21.2	15.2	–
효과성	3.0	30.3	30.3	36.4	–
체감만족도	–	30.3	33.3	33.3	3.0

※ 1) 만족비율 = '매우 만족' 비율 + '약간 만족' 비율
   2) 불만족비율 = '매우 불만족' 비율 + '약간 불만족' 비율

22. 위 자료에 근거한 설명으로 옳은 것은?

① 정책대상자의 의견수렴도 만족 비율은 불만족 비율보다 약간 낮은 수준이다.
② 효과성 항목에서 '약간 불만족'으로 응답한 전문가 수는 '매우 불만족'으로 응답한 정책대상자 수보다 많다.
③ 체감만족도 항목에서 만족 비율은 정책대상자가 전문가보다 낮다.
④ 정책대상자의 적절성 항목은 타 항목에 비해 만족비율이 높다.

23. 정책대상자 중 적절성 항목에 만족하는 사람은 모두 몇 명인가? (단, 소수점 첫째 자리에서 반올림한다.)

① 82명
② 98명
③ 130명
④ 155명

24. 다음은 2022년과 2023년 환율표이다. 2022년 말 엔화 대비 원화 환율이 2023년 말에 어느 정도 변화하였는지 바르게 계산한 것은?

분류	원/달러			엔/달러	
	연말	절상률	기간평균	연말	절상률
2022년	1,200.5	10.52	1,255.24	120.01	10.85
2023년	1,198.5	0.25	1,200.89	108.05	10.81

① 1원 정도 하락
② 변함없음
③ 1원 정도 상승
④ 2원 정도 상승

25. 제시된 블록들을 화살표 표시한 방향에서 바라봤을 때의 모양으로 알맞은 것을 고르시오.

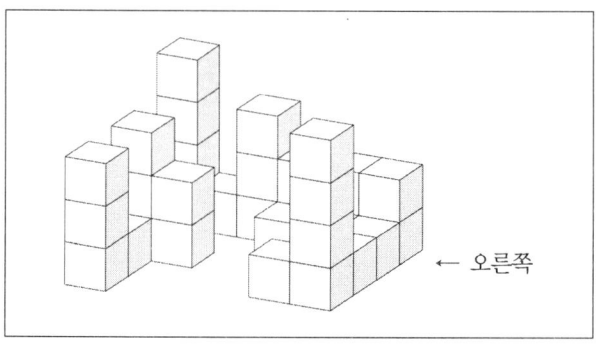

← 오른쪽

① 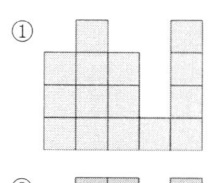　②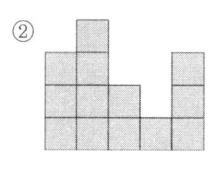

③ 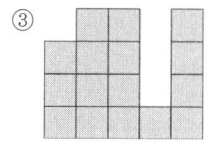　④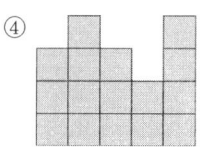

26. 다음 중 직육면체의 전개도가 다른 하나를 고르시오.

① 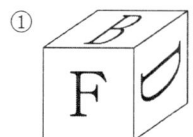　②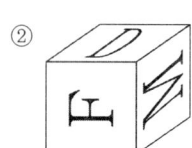

③ 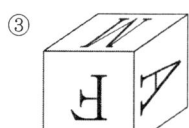　④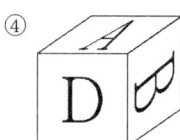

27. 다음과 같이 종이를 접은 후 구멍을 뚫고 펼친 뒤의 그림으로 옳은 것을 고르시오.

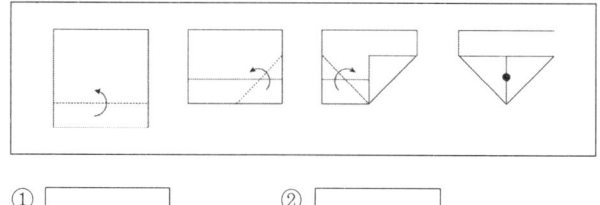

① 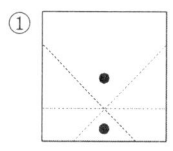　②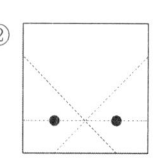

③ 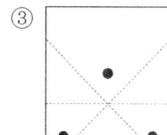　④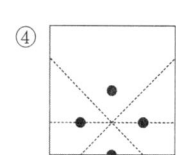

28. 제시된 전개도로 만들 수 있는 주사위로 적절한 것을 고르시오.

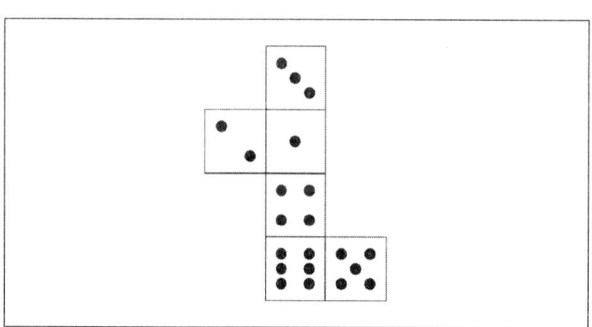

① 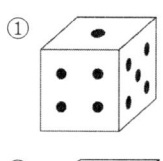　②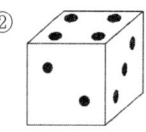

③ 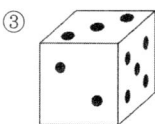　④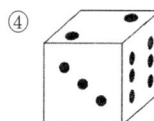

29. 다음 입체도형의 전개도로 옳은 것을 고르시오.

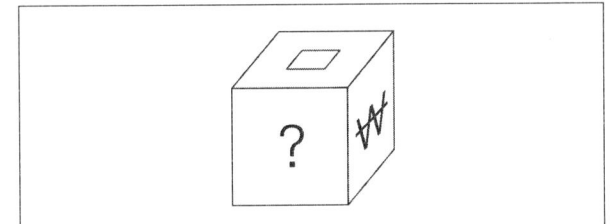

①
₩		
@	□	?	5
△		

②
?			
△	@	₩	□
	5		

③
□			
?	₩	5	△
@			

④
@			
5	₩	□	△
?			

┃30~32┃ 다음에 나열된 숫자의 규칙을 찾아 빈칸에 들어가기 적절한 수를 고르시오.

30.

78	86	92	94	98	106	( )

① 110 ② 112
③ 114 ④ 116

31.

3	9	12	36	39	( )	120	360

① 118 ② 117
③ 116 ④ 115

32.

20 10 3	30 5 7	40 5 ( )

① 8 ② 9
③ 10 ④ 11

33. 다음의 빈칸에 들어갈 알맞은 수를 고르시오.

13@11 = 1	22@25 = 8
15@32 = 4	(19@21)@15 = ( )

① 6 ② 5
③ 4 ④ 3

34. 다음의 일정한 규칙에 의해 배열된 수나 문자를 추리하여 ( ) 안에 알맞은 것을 고르시오.

ㄱ－ㄷ－ㅂ－ㅊ－ㄱ－( )

① ㄹ ② ㅂ
③ ㅅ ④ ㅋ

35. 다음의 빈칸에 들어갈 알맞은 수를 고르시오.

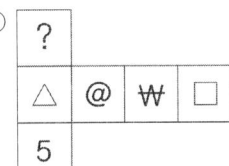

```
       4  | 12
27  25  15  15
   4    |  9   20
  ( )   | 15
```

① 75 ② 25
③ 55 ④ 45

36. 다음 도형들의 일정한 규칙을 찾아 '?' 표시된 부분에 들어갈 도형을 고르시오.

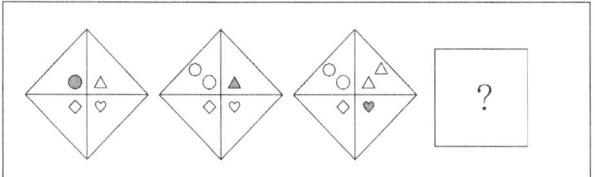

①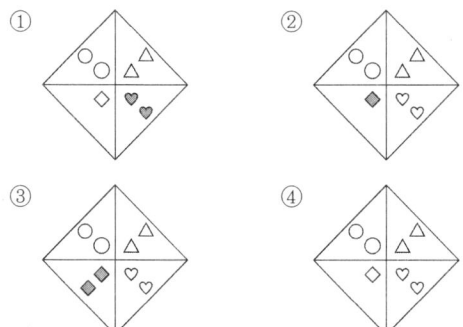

②

③

④

37. 다음의 말이 참일 때 항상 참인 것을 고르시오.

> • 무리지어 움직이는 모든 동물은 공동 육아를 한다.
> • 공동 육아를 하는 모든 동물은 역할 분담을 한다.
> • 돌고래는 무리지어 움직이는 동물이다.

① 돌고래는 공동 육아를 하는 동물이다.
② 공동 육아를 하는 동물 중에는 무리지어 움직이지 않는 동물도 있다.
③ 돌고래는 집단에서 별도의 역할을 부여받지 않는다.
④ 무리지어 움직이지 않는 돌고래도 있다.

38. 다음에 제시된 전제에 따라 결론을 바르게 추론한 것을 고르시오.

> • 4마리 고양이 중 범이가 가장 까맣고 무겁다.
> • 설기는 가장 어리고 가장 마른 고양이다.
> • 둘째 고양이 율무는 애교가 많고 노는 걸 좋아한다.
> • 도롱이는 나이는 제일 늙었지만 달리기를 제일 잘한다.
> • 그러므로 _____

① 도롱이는 하얀 털을 가진 고양이다.
② 범이는 4마리 중 셋째 고양이다.
③ 설기는 태어난 지 두 달이 되지 않은 고양이다.
④ 율무는 4마리 중 유일한 수컷이다.

39. 다음 조건에서 '혜경이가 민석이를 사랑한다'는 말이 참이라면, 영희를 좋아하는 사람은 누구인가?

> • 민석이가 영희를 좋아하지 않는다면 철수는 영희를 좋아한다.
> • 철수 또는 은수 둘 중에 한 사람만이 영희를 좋아한다.
> • 혜경이가 민석이를 사랑하면 은수는 영희를 좋아한다.

① 은수, 민석
② 철수
③ 철수, 민석
④ 민석

40. 다음의 주어진 결론을 반드시 참으로 하는 전제를 고르시오.

> 전제1 : _____
> 전제2 : 어떤 가난뱅이는 철학자이다.
> 결론 : 어떤 가난뱅이는 현명하다.

① 어떤 철학자는 현명하다.
② 모든 철학자는 현명하다.
③ 어떤 가난뱅이도 철학자가 아니다.
④ 모든 현명한 사람은 철학자이다.

41. 甲, 乙, 丙, 丁, 戊는 모두 자차로 출퇴근한다. 다음에 제시된 조건이 모두 참일 때 항상 참인 것을 고르시오.

> a. 모두 일렬로 주차되어 있으며 지정주차다.
> b. 차량의 색은 빨간색, 주황색, 노란색, 초록색, 파란색이다.
> c. 7년차, 5년차, 3년차, 2년차, 1년차로 연차가 높을수록 지정 번호는 낮다.
> d. 지정 번호가 가장 낮은 자리에 주차한 차량의 색은 주황색이다.
> e. 노란색 차량과 빨간색 차량의 사이에는 초록색 차량이 주차되어 있다.
> f. 乙의 차량 색상은 초록색이다.
> g. 1이 아닌 맨 뒷자리에 주차한 사람은 丙이다.
> h. 2년차 차량 색상은 빨간색이다.
> i. 戊의 차량은 甲의 옆자리에 주차되어 있다.

① 甲은 7년차이다.
② 戊의 차량은 주황색 차량이다.
③ 2년차 차량의 색은 빨간색이다.
④ 乙보다 연차가 높은 사람은 한 명이다.

42. 갑, 을, 병은 승진 시험을 앞두고 자격증 공부하고 있다. 다음의 〈조건〉을 바탕으로 각각 공부하는 자격증으로 옳은 것은? (단, 준비하는 자격증 시험은 서로 겹치지 않는다.)

> 〈조건〉
> a. 세 명의 직원은 각각 TOEIC, 정보처리기사, HSK4급을 공부하고 있다.
> b. 갑과 을은 TOEIC 시험을 준비하지 않는다.
> c. 을은 HSK4를 준비하지 않는다.
> d. 병은 TOEIC과 정보처리기사 중 하나를 준비하고 있다.

	갑	을	병
①	정보처리기사	HSK4	TOEIC
②	TOEIC	HSK4	정보처리기사
③	HSK4	TOEIC	정보처리기사
④	HSK4	정보처리기사	TOEIC

43. 다음 설명에서 A와 B에 들어갈 것으로 알맞은 것은?

> • 압력이 일정할 때 온도가 높아지면 기체의 부피는 (A) 한다.
> • 온도가 일정할 때 압력이 높아지면 기체의 부피는 (B) 한다.

	A	B			A	B
①	감소	감소		②	감소	증가
③	증가	감소		④	증가	증가

44. 물체의 속력과 방향이 일정한 운동은?

① 진자의 운동
② 등속 원운동
③ 등속 직선 운동
④ 빗면을 굴러 내려가는 공의 운동

45. 제시된 단어의 무리 중 양파는 몇 번 제시되었는가?

님프	대파	양말	골프	양산	바다
양산	양파	야구	오판	피자	피망
의자	양심	양파	오류	쪽파	피서
요양	부추	앙탈	푸름	양파	피망
피자	요정	운동	앙망	양기	정양
두릅	오심	양파	유류	서리	단청

① 2번
② 3번
③ 4번
④ 5번

절 취 선

울산광역시교육청
수영평가 모의고사

성명

(자 필 성 명)

생 년 월 일

번호

SEOWONGAK

울산광역시교육청 교육공무직

제3회 소양평가 모의고사

성명		생년월일	
문제 수(배점)	45문항	풀이시간	/ 50분
영역	직무능력검사		
비고	객관식 4지선다형		

제3회 울산광역시교육청 교육공무직 모의고사

각 문제에서 가장 적절한 답을 하나만 고르시오.

1. 제시된 단어와 의미가 상반된 단어는?

수탁

① 위탁   ② 결탁
③ 유탁   ④ 연탁

2. 제시된 단어와 의미가 같은 말은?

자가당착

① 당위   ② 모순
③ 경전하사   ④ 당랑거철

3. 지문을 읽고 관련이 있는 속담이 아닌 것을 고르시오.

조선(朝鮮) 초기(初期)에 대신(大臣) 황희(黃喜)가 집이 가난하므로 임금의 명령(命令)으로 하루 동안 남대문으로 들어오는 상품은 모두 황희(黃喜)의 집으로 보내라 했으나, 이 날은 종일 비가 와서 아무 것도 들어오는 물건(物件)이 없다가 저녁 때 달걀 한 꾸러미가 들어왔는데, 달걀을 삶아 놓고 보니 모두 곯아서 먹을 수가 없었다는 데서 나온 말로, 곯았다는 「곯」 음과 골(骨)의 음이 비슷하므로 와전되어 계란유골(鷄卵有骨)이란 말로 바뀌었다.

① 뒤로 넘어져도 코가 깨진다.
② 도둑을 맞으려면 개도 안 짖는다.
③ 양반은 물에 빠져도 개헤엄은 치지 않는다.
④ 밀가루 장사하면 바람이 불고 소금 장사하면 비가 온다.

4. 밑줄 친 단어의 쓰임이 다른 하나는?

① 운전면허증을 <u>가진</u> 사람은 우대사항에 해당된다.
② 그림 그리기 딱 좋은 붓을 <u>가지고</u> 있다.
③ 집에 두고 온 책을 <u>가지러</u> 발걸음을 돌렸다.
④ 동생은 한 자루의 연필만 <u>가지고</u> 시험장에 갔다.

5. 밑줄 친 단어 중 맞춤법이 바르게 표기된 것은?

① 밥 먹은 그릇은 그때그때 <u>설겆이</u>해야 해.
② <u>몇</u> 일만 지나면 그가 돌아온다.
③ 내 간절한 <u>바램</u>이 이뤄졌으면 좋겠다.
④ 조심히 <u>가십시오.</u>

6. 밑줄 친 단어 중 외래어 표기법이 틀린 것을 고르시오.

① 사과 <u>주스</u> 마실래?
② <u>메세지</u> 확인 해주세요.
③ <u>렌터카</u> 반납은 언제까지 해야 하나요?
④ 이 영화의 백미는 <u>샹들리에</u>가 산산조각 나 흩뿌려지는 장면이다.

7. 다음 중 ( ) 안에 들어갈 접속어를 순서대로 나열한 것은?

> 오늘날의 문화는 인간관계에서 집단 이기주의가 갖는 힘과 범위 그리고 지속성을 깨닫지 못하고 있다. 한 집단에 속하는 개인 간의 관계를 순전히 도덕적이고 합리적인 조정과 설득에 의해 확립하는 일이 쉽지는 않을지라도 전혀 불가능한 것은 아니다. ( ) 집단과 집단 사이에서는 이런 일이 결코 이루어질 수 없다. ( ) 집단 간의 관계는 항상 윤리적이기보다는 지극히 정치적이다. ( ) 그 관계는 각 집단의 요구와 필요성을 비교, 검토하여 도덕적이고 합리적인 판단에 의해서 수립되는 것이 아니라 각 집단이 갖고 있는 힘의 비율에 따라 수립된다.

① 그러나 – 따라서 – 즉
② 그러나 – 게다가 – 오히려
③ 그런데 – 따라서 – 왜냐하면
④ 그런데 – 게다가 – 그러므로

8. 밑줄 친 단어와 뜻의 연결이 바르지 않은 것은?

① 너도 할 수 있다는 의지를 <u>심어</u> 주었다. – 마음속에 확고하게 자리 잡게 하다.
② 머리를 <u>심는</u> 것도 괜찮은 방법이야. – 정하여진 틀이나 대상에 꽂아 넣다.
③ 그들은 문화를 옮겨 <u>심기</u>위해 노력했다. – 마음속에 확고하게 자리 잡게 하다.
④ 상대팀 기지 정상에 깃발을 먼저 <u>심어</u>놓자. – 정하여진 틀이나 대상에 꽂아 넣다.

▌9~10▌ 제시된 9개의 단어 중 3개의 단어를 통해 유추할 수 있는 것을 고르시오.

9.

> 눈사람, 단소, 태권도, 장갑, 초콜릿, 감자, 교과서, 붕어빵, 키위

① 서점　　　　　　② 겨울
③ 종이　　　　　　③ 여행

10.

> 장미, 첨성대, 야구, 천마총, 돌고래, 축구, 월지, 동물원, 테라리움

① 경주
② 식물원
③ 수족관
④ 스포츠

11. 다음 글의 뒤에 이어질 내용으로 적절한 것은?

> 스마트폰은 전화 외의 여러 기능으로 우리 삶의 많은 부분을 바꿔 놓았습니다. 스마트폰 하나만 있으면 은행업무, 식사 주문, 영상 보기, 쇼핑 등 앉은 자리에서 일상의 많은 일을 해결할 수 있게 되었고, 이제 언제 어디를 가도 사람들이 앞사람과 이야기를 나누기 보다는 각자 고개를 숙인 채 스마트폰에 빠져있는 모습을 쉽게 볼 수 있습니다. 그런데 사실 이런 현상은 우리의 삶, 더욱이 학생들의 삶에 전혀 도움이 되지 않습니다.

① 청소년이 스마트폰을 사용했을 때의 문제점 제시
② 스마트폰의 주 소비층 분석
③ 스마트폰으로 바뀐 일상생활 예시
④ 청소년에게 유용한 어플리케이션 추천

12. 다음 글의 설명 방식으로 옳은 것은?

자전거를 타는 것은 주체로 하여금 계속 개입을 하게한 다는 점에서 독서와 비슷하다. 독서는 눈으로 읽은 문자를 뇌에 입력하는 단순한 작업을 말하는 것이 아니다. 진정한 의미의 독서란 독자가 글을 보고 스스로 재해석·재구성하는 것이다. 자전거를 처음 배우던 기억을 떠올려 보자. 뒤에서 자전거를 잡아주던 부모님이 갑자기 손을 놓아 버리고, 자전거가 비틀거리면 페달을 계속 밟으라고 말씀하신다. 운전자가 직접 개입해야 하는 것이 자전거 타기인 것처럼, 독자가 직접적으로 참여할 때 비로소 독서의 참된 의미가 완성되는 것이다.

① 대상을 풀어서 그것을 구성하고 있는 개별 요소나 성질로 나누는 방식으로 설명하고 있다.
② 서로 다른 대상 사이의 유사성에 집중하여 동일한 결론을 이끌어 내는 방식으로 설명하고 있다.
③ 두 대상의 대립되는 성질이나 차이점을 중심으로 설명하고 있다.
④ 대상을 일정한 기준에 따라 묶거나 나누는 방식으로 설명하고 있다.

13. ㉠~㉣ 중 〈보기〉의 문장이 들어가기에 가장 적절한 것은?

〈보기〉

카페인은 인체에 작용하면서, 부작용으로 종종 수면 장애를 동반하는데, 이는 카페인 섭취는 시간적 경과 및 용량에 따라 GABA 함량에 영향을 미치기 때문이다. 시상하부와 대뇌피질에서의 GABA 함량의 감소는 수면 장애를 유발한다.

㉠ 카페인은 신경을 활성화시키는 물질로서 피로의 감소 및 각성 효과가 있으며 근육의 긴장을 완화하고 이뇨 작용을 활발히 한다. 오늘날 현대인들은 카페인을 커피를 비롯하여 에너지 드링크, 초콜릿, 차(Tea), 일부 의약품 등 여러 형태로 섭취하고 있다. 그러나 카페인은 항상 좋은 영향을 미치는 것은 아니다. ㉡ GABA는 대표적으로 뇌세포 대사기능을 촉진시켜 신경 안정 작용 및 기억력 증진, 우울증 완화, 치매 예방, 비만, 불면 등에 효과가 있다. GABA 작용 억제 시 경련과 불안을 일으킬 수 있고, 증가 시 항경련, 항우울, 진정작용을 유발한다. 하지만 카페인이 수면 장애를 일으킬 때, GABA 수용체에 직접적으로 영향을 주기보다는, 아데노신 수용체를 차단함으로써 영향을 준다고 할 수 있다. ㉢ 따라서 카페인으로 인해 생기는 수면 장애를 완화하기 위해서는 아데노신의 활성을 도와줄 수 있는 물질이 필요하다. ㉣

① ㉠
② ㉡
③ ㉢
④ ㉣

14. 다음 글의 밑줄 친 ㉠ ~ ㉢ 중 의미하는 바가 다른 것은?

사군자를 아시나요? 사군자는 매, 난, 국, 죽. 매화, 난초, 국화, 그리고 대나무를 이르는 말입니다. 매화는 이른 봄에 ㉠추위를 견디며 피고, 난초는 ㉡은은한 향을 멀리까지 퍼뜨리고, 국화는 가을의 ㉢서리를 견디며 꽃을 피우고, 대나무는 ㉣추운 겨울에도 푸르며 꼿꼿하게 자라나지요. 이런 모습들이 마치 군자의 모습과 같다 하여 네 군자(君子), 사군자라고 하였습니다. 이번에는 먼저 사군자의 첫 번째, 매화에 대해 알아보도록 하겠습니다. 매화는 매실나무에서 피는 꽃입니다. 꽃의 색에 따라 크게 홍매화, 백매화, 청매화로 구분합니다.

① ㉠

② ㉡

③ ㉢

④ ㉣

15. 내용 전개상 단락 배열이 가장 적절한 것을 고르시오.

(가) 각염법의 시행은 12·13세기에 이루어진 소금생산의 발전을 배경으로 한 것으로 특히 12세기 이후 증대되고 있던 유민은 소금생산의 발전에 필요한 노동력을 제공하는 사회적 조건으로 작용하였다.

(나) 각염법은 고려 후기 시행된 소금의 전매법으로 소금의 생산과 유통에 관한 권리를 국가기관의 관리하에 두고 그로부터의 수익을 수취하는 법이다.

(다) 또한 대몽항쟁을 전후해 해도를 중심으로 한 연해지방에는 농토로부터 이탈된 농민들과 피난민들에 의해 새로운 소금산지가 개발되고 있었는데 국가는 각염법의 시행으로 전국의 모든 염분을 국가에 소속시키고 군현민을 징발해 염호로 삼았으며 민부로 하여금 소금의 생산과 유통을 관리하게 하였다.

(라) 각염법이 언제 처음 출현된 것인지는 정확하지 않지만 기록상으로는 고려 후기 충선왕 때부터 실시에 관한 기록이 나타난다.

① (가) – (다) – (라) – (나)

② (가) – (라) – (다) – (나)

③ (다) – (라) – (나) – (가)

④ (나) – (라) – (가) – (다)

16. 현재 누나의 통장에는 16,000원, 동생의 통장에는 21,500원이 들어있다. 앞으로 매달 누나는 2,000원씩, 동생은 1,500원씩 저금을 한다면 몇 개월째부터 누나의 저축액이 동생의 저축액보다 많아지겠는가?

① 9개월

② 10개월

③ 11개월

④ 12개월

17. 농도가 6%인 소금물 150g에 다른 소금물을 섞었더니 농도가 8%인 소금물 250g이 되었다. 이때 섞은 소금물의 양과 농도는?

① 100g, 10%   ② 100g, 11%

③ 150g, 10%   ④ 150g, 11%

18. 민희는 친구와 내기를 하는데, 주사위의 숫자 2나 5가 나오면 이기는 것으로 하였다. 민희가 내기에서 이길 확률은?

① $\frac{1}{6}$ ② $\frac{1}{3}$

③ $\frac{1}{12}$ ④ $\frac{1}{36}$

19. 순희가 500원짜리 볼펜과 300원짜리 수성 사인펜을 사는데 9,000원을 지불하였고 볼펜과 수성 사인펜을 합해서 모두 20자루를 샀다면 볼펜은 몇 자루를 산 것인가?

① 12자루   ② 13자루

③ 14자루   ④ 15자루

20. 괄호 안에 들어갈 수로 알맞은 것은?

12 36 18 54 ( ) 81

① 27

② 33

③ 41

④ 50

┃21~22┃ 다음은 어느 시험의 통계사항을 나타낸 자료이다. 물음에 답하시오. (단, 계산 값은 소수점 둘째 자리에서 반올림한다.)

(단위 : 명)

구분	접수 인원	응시 인원	합격 인원	합격률
1회	1,808		605	43.1
2회	2,013	1,422	(가)	34.0
3회	5,057	852	540	

21. 응시 인원이 가장 많은 회차와 합격률이 가장 높은 회차를 맞게 짝지은 것은?

① 1회, 1회

② 2회, 1회

③ 1회, 3회

④ 2회, 3회

22. (가)에 들어갈 수로 알맞은 것은?

① 430명

② 453명

③ 470명

④ 483명

▌23~24 ▌ 다음은 G기업의 A, B, C제품에 대한 만족도를 조사한 자료이다. 물음에 답하시오. (단, 중복응답자는 없다.)

(단위 : 명)

구분	상	중	하
A	34	38	50
B	73	11	58
C	71	41	24

23. 전체 응답자 중 세 제품에 '하'를 준 사람의 비율은?

① 30%　　　　② 31%

③ 32%　　　　④ 33%

24. A제품에 대한 응답자 중 '상'을 선택한 사람의 비율과, B제품에 대한 응답자 중 '중'을 선택한 사람의 비율의 합은? (단, 계산 값은 소수점 둘째 자리에서 반올림한다.)

① 35.4%　　　　② 35.5%

③ 35.6%　　　　④ 35.7%

25. A 유치원의 아이들은 모두 집에서 식물 또는 동물을 키우고 있는데, 그 종류와 수는 아래의 표와 같다. 햄스터를 키우는 아이의 수는 전체의 몇 %인가? (단, 계산 값은 소수점 둘째 자리에서 반올림한다.)

강아지	고양이	햄스터	물고기	식물	파충류
21	15	14	10	8	5

① 11.4%

② 12.5%

③ 13.7%

④ 14.9%

26. 제시된 도형과 같은 하나는?

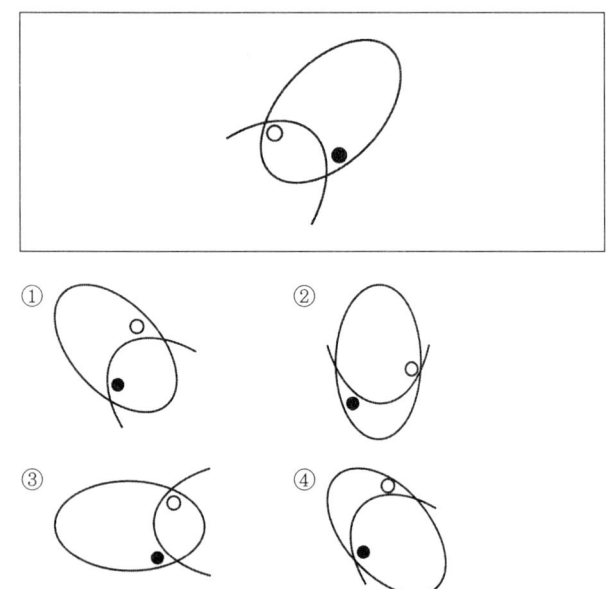

27. 다음 도형의 전개도로 옳은 것은?

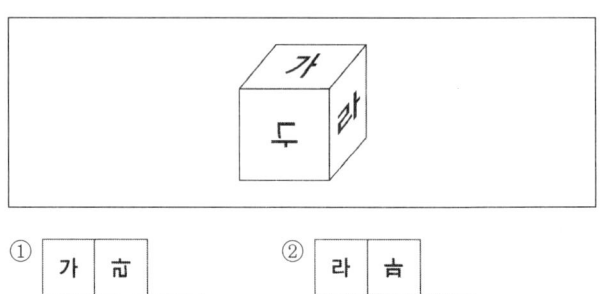

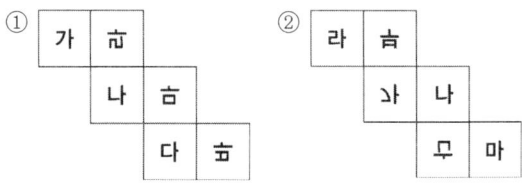

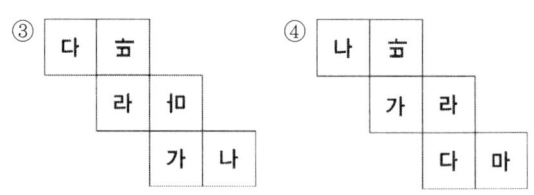

28. 제시된 도형의 단면을 잘못 그린 것은?

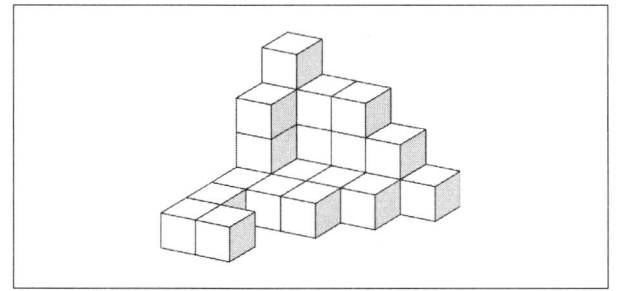

①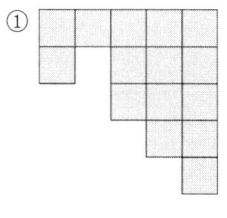

②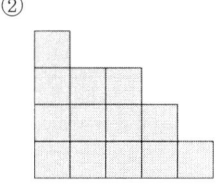

③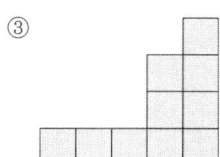

④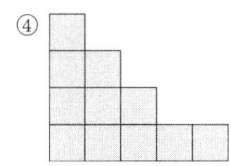

29. 제시된 두 도형을 결합했을 때 만들 수 없는 형태를 고르시오.

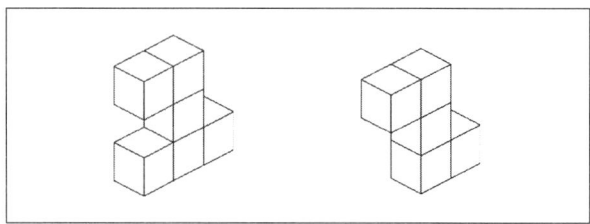

①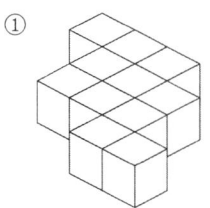

②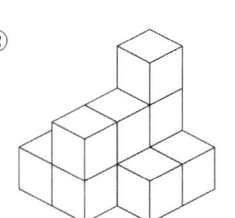

③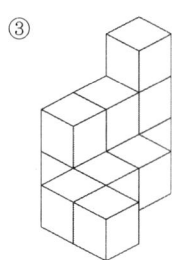

④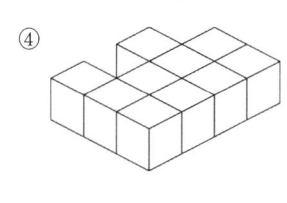

30. 다음과 같이 종이를 접은 후 구멍을 뚫어 펼친 그림으로 옳은 것은?

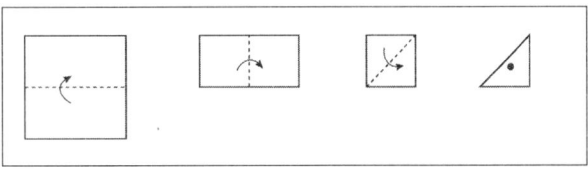

①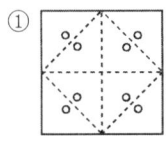

②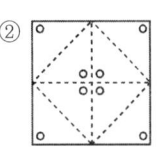

③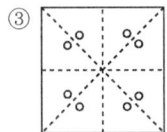

④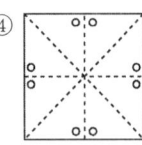

31. 괄호 안에 들어갈 말로 적절한 것은?

> 각골난망(刻骨難忘) : 결초보은(結草報恩)
> = 갑남을녀(甲男乙女) : (　　　　　　　)

① 장삼이사(張三李四)
② 남부여대(男負女戴)
③ 부창부수(夫唱婦隨)
④ 천고마비(天高馬肥)

32. 다음 중 단어의 관계가 다른 하나는?

① 키위 – 파인애플 – 복숭아
② 축구 – 농구 – 야구
③ 코끼리 – 기린 – 치타
④ 물고기 – 넙치 – 숭어

33. 전제가 다음과 같을 때 결론으로 올바른 것은?

> • 밤을 새워 공부하면 내일 시험성적이 오른다.
> • 30분의 휴식을 취하면 공부 효율이 오른다.
> • 한철이는 30분의 휴식 뒤에 밤새 공부를 했다.
> • 결론 _____

① 한철이는 매우 피곤해졌을 것이다.
② 한철이는 다음에는 미리 공부를 해야겠다고 생각했을 것이다.
③ 한철이는 효율 있게 공부한 결과 시험점수가 대폭 상승했을 것이다.
④ 한철이는 늦잠을 자서 시험을 못 쳤을 것이다.

34. 다음의 주어진 결론을 반드시 참으로 하는 전제를 고르시오.

> A, B, C, D의 무게는 다음과 같다.
> 전제1 : _____
> 전제2 : D는 C보다 무겁다.
> 결론 : 넷 중 D가 제일 무겁다.

① A는 B보다 무겁고 B는 C보다 가볍다.
② A와 B 무게의 합은 C의 무게보다 가볍다.
③ B와 D 무게의 차는 A와 D 무게의 차보다 작다.
④ A와 C의 무게의 차가 가장 크다.

35. 자립준비청소년 복지사업에 앞서 강당에 모였다. 부장, 차장, 甲대리, 乙대리, 丙대리, 丁주임이 일렬로 앉아있을 때, 다음을 바탕으로 부장의 바로 왼쪽에 앉은 사람을 고르시오.

- 丙대리는 가장 오른쪽에 앉아있다.
- 부장은 차장의 바로 옆자리에 앉아있다.
- 甲대리는 丁주임 바로 오른쪽에 앉아있다.
- 丁주임은 丙대리와 가장 멀리 떨어져 있다.
- 차장은 乙대리 바로 왼쪽에 앉아있다.

① 甲대리
② 乙대리
③ 丙대리
④ 丁주임

36. 지문을 읽고 주원이 쓴 우산으로 옳은 것을 고르시오.

주원, 하연, 경유는 각각 접이식 우산, 장우산, 양우산 중 하나를 썼다. 우산의 색은 모두 다르며, 색은 하늘색, 노란색, 검은색이다. 주원은 하늘색 우산을 쓰지 않았다. 경유는 접이식 우산을 쓰지 않았고, 노란색 우산을 썼다. 하연은 접이식 우산을 쓰지 않았다. 양우산은 노란색이 아니다.

① 노란색 접이식 우산
② 노란색 장우산
③ 검은색 접이식 우산
④ 검은색 장우산

┃37~40┃ 다음 제시된 숫자의 배열을 보고 규칙을 적용하여 빈칸에 들어갈 알맞은 수를 고르시오.

37.

2 3 3 6 12 60 ( )

① 720 ② 700
③ 680 ④ 660

38.

$\frac{3}{7}$	$\frac{4}{11}$	$\frac{7}{15}$	$\frac{8}{22}$	$\frac{14}{30}$	$\frac{16}{44}$	( )

① $\frac{30}{56}$ ② $\frac{29}{58}$
③ $\frac{28}{60}$ ④ $\frac{27}{62}$

39.

1 6 3 18 9 54 ( )

① 27   ② 30

③ 33   ④ 36

40.

3 5 9 17 33 65 ( )

① 128   ② 129

③ 130   ④ 131

41. 다음 짝 지어진 것들 중 서로 다른 것은?

① DODOCOODCOBD − DODOCOODCOBD

② 01001110109080 − 01001110109080

③ MNNMNMXMNX − MNNMNMXNNX

④ ■■□◎◆●■◐■ − ■■□◎◆●■◐■

42. 괄호 안에 들어갈 알맞은 도형은?

■□△▲ : △▲■□ = ◆◇♧♣ : (   )

① ♧♣◆◇

② ♧◆♣◇

③ ◇◆♧♣

④ ♣◇♧◆

43. 그림과 같이 마찰이 없는 수평면 위에서 한 물체에 두 힘이 반대 방향으로 작용할 때, 두 힘의 합력의 크기는?

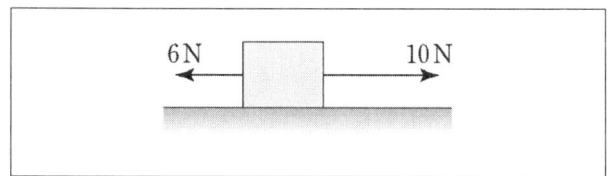

① 4N
② 6N
③ 10N
④ 16N

44. 열기구가 하늘 위로 떠오르는 현상에 대한 다음의 설명을 참고하여 이러한 원리를 나타내는 예시를 고르시오.

열기구는 상대적으로 가벼운 가스로 채워져 공기 중력과 부력의 상호작용에 의해 상승한다. 즉, 내부 가스는 외부 대기압보다 밀도가 작기 때문에 상승하는 힘을 가진다.

① 기차는 직선 레일에서 속력이 느려진다.
② 수영선수가 손으로 물을 밀면 앞으로 나아간다.
③ 유리병 안에 물을 채워놓고 뒤집으면 물이 새지 않는다.
④ 일정한 빠르기로 움직이는 무빙워크에서 서있어도 넘어지지 않는다.

45. 다음 중 현상과 용어가 바르게 연결된 것은?

① 프리즘을 통과하는 햇빛 – 직진
② 아지랑이 – 회절
③ 신기루 – 굴절
④ 물속의 빨대가 꺾여 보임 – 분산

울산광역시교육청
수업평가 모의고사

성명

(정 답 란)

성별

생 년 월 일

1	① ② ③ ④
2	① ② ③ ④
3	① ② ③ ④
4	① ② ③ ④
5	① ② ③ ④
6	① ② ③ ④
7	① ② ③ ④
8	① ② ③ ④
9	① ② ③ ④
10	① ② ③ ④
11	① ② ③ ④
12	① ② ③ ④
13	① ② ③ ④
14	① ② ③ ④
15	① ② ③ ④
16	① ② ③ ④
17	① ② ③ ④
18	① ② ③ ④
19	① ② ③ ④
20	① ② ③ ④
21	① ② ③ ④
22	① ② ③ ④
23	① ② ③ ④
24	① ② ③ ④
25	① ② ③ ④
26	① ② ③ ④
27	① ② ③ ④
28	① ② ③ ④
29	① ② ③ ④
30	① ② ③ ④
31	① ② ③ ④
32	① ② ③ ④
33	① ② ③ ④
34	① ② ③ ④
35	① ② ③ ④
36	① ② ③ ④
37	① ② ③ ④
38	① ② ③ ④
39	① ② ③ ④
40	① ② ③ ④
41	① ② ③ ④
42	① ② ③ ④
43	① ② ③ ④
44	① ② ③ ④
45	① ② ③ ④

SEOWONGAK

울산광역시교육청 교육공무직

제4회 소양평가 모의고사

성명		생년월일	
문제 수(배점)	45문항	풀이시간	/ 50분
영역	직무능력검사		
비고	객관식 4지선다형		

각 문제에서 가장 적절한 답을 하나만 고르시오.

1. 다음에 제시된 단어와 비슷한 의미를 가진 단어는?

휴지하다

① 비롯하다
② 발생하다
③ 시작하다
④ 중지하다

2. 다음 밑줄 친 말의 반의어가 쓰인 문장은?

호젓하게 지내다

① 살림이 단출하다.
② 바닷바람이 제법 소슬하게 느껴졌다.
③ 시장이 복잡하다.
④ 골짜기가 후미지다.

3. 다음 중 제시된 단어가 나타내는 뜻을 모두 포괄할 수 있는 단어는?

조각내다/부화하다/정신을 차리다/벗어나다

① 새다
② 가다
③ 깨다
④ 식다

4. 다음 중 어법이 옳지 않은 것은?

① 심사 기준에 맞혀 작성했다.
② 줄을 맞춰 깔끔하게 정리했다.
③ 고난이도의 문제 정답을 맞혔다.
④ 비위를 맞추기 어려운 스타일이다.

5. 밑줄 친 부분의 맞춤법이 옳지 않은 것은?

① 라면이 불면 먹기 싫다.
② 이곳에 엊그저께 도착했다.
③ 시골집에는 푿소가 3마리 있다.
④ 고무줄을 좀 늘여라.

6. 다음 중 띄어쓰기가 바르게 된 문장은?

① 회사의 대표로서 책임을 가져야 합니다.
② 할 지 안 할 지
③ 올 지 안올 지
④ 미세먼지는 안 보일 만큼 작다.

7. 다음 중 외래어 표기법에 맞게 쓰인 것은?

① 내 메시지 왜 안 읽어?
② 여름 내내 샌달만 신었다.
③ 이 호텔은 상들리에로 유명해.
④ 아이는 매일 오렌지 쥬스를 하나씩 먹는다.

8. 다음을 읽고 ㉠과 ㉡에 들어갈 접속어로 알맞은 것을 고르시오.

수련이라는 꽃을 아시나요? 수련은 연꽃과 비슷하게 생긴 수생식물로, 연꽃과 마찬가지로 연못이나 늪에서 자랍니다. 우리나라에서는 중부 지역 이남에서, 해외에서는 일본과 중국, 인도 등에서 살지요. 연꽃과 수련은 모두 통상적으로 개화 시기는 늦봄에서 여름까지입니다. 꽃이 피는 시기도 비슷하지요. (㉠) 연꽃과 수련을 어떻게 구분할 수 있을까요?

수련은 연꽃과 다르게 정오경에 피었다가 저녁때에 오므라든다는 특징이 있습니다. 마치 잠을 자는 것처럼 말입니다. (㉡) 수련이라는 이름이 붙었습니다. 수련은 한자로는 睡蓮(잠잘 수, 연꽃 연)이라고 씁니다. 잠자는 연꽃이라는 뜻이지요. 연꽃과 비슷하게 생겼으면서 밤에 잠을 자는 것처럼 오므라드는 수련의 특징을 잘 표현한 이름입니다.

㉠ - ㉡

① 그런데 - 하지만
② 그러면 - 그래서
③ 예를 들어 - 그래도
④ 또는 - 뿐만 아니라

9. 다음을 읽고, 빈칸에 들어갈 내용으로 가장 알맞은 것을 고르시오.

진실로 오늘날의 세계는 변화의 소용돌이라고 해도 과언이 아닐 것이다. 특히 기업 경영에 중대한 영향을 미치는 기술, 시장, 디자인, 법규 및 각종 제도 등 수없이 많은 요소들이 끊임없이 변화를 거듭함에 따라 기업 환경은 점점 복잡해지고 미래에 대한 예측이 더욱 어려워지고 있다. 따라서 이러한 기업 환경에서도 기업이 올바른 결정을 내리기 위해서 _____ 이 그 어느 때보다도 중요하다고 할 수 있다. 기업 경영에 필요한 적절한 정보를 얼마나 정확히, 그리고 신속하게 입수하느냐가 기업 성공의 관건이 되고 있다.

① 효율적인 인사 관리와 수직적 의사소통
② 카리스마 있는 리더십과 자발적인 팔로우십
③ 의사 결정에 필요한 제반 정보를 수집, 분석하는 기능
④ 어느 기업보다 뛰어난 기술적 능력

10. 내용 전개상 단락 배열이 가장 적절한 것을 고르시오.

> (가) 그러나 고고학적 발견에 의하면 이미 삼국시대의 백제의 유물에서 각필로 쓴 문헌과 각필이 발견되고 있어 그 연원은 상당히 앞선 것으로 생각된다.
>
> (나) 현재 발견된 각필구결 문헌의 실물은 주로 통일신라시대부터 고려시대 전기의 유물에 집중되어 있다.
>
> (다) 구결은 훈민정음이 창제되기 이전에 한문 경전을 훈독하거나 현토하는 데 사용된 우리나라 고유의 방법으로 보통 한문 중간 중간에 토를 달아 우리말 어순으로 읽는 데 사용하였다.
>
> (라) 각필구결은 각필을 사용해 종이에 서사된 구결이다.
>
> (마) 이러한 구결에 대한 연구는 1970년대 초반까지 주로 조선 후기 자료를 가지고 진행되었으나 이후 불상 복장 유물 중심으로 고려시대 구결이 여러 차례 발견되면서 구결에 대한 연구가 활발해지기 시작하였다.

① (나) - (마) - (다) - (라) - (가)

② (라) - (나) - (마) - (다) - (가)

③ (가) - (나) - (다) - (라) - (마)

④ (라) - (다) - (마) - (나) - (가)

11. 이육사의 광야를 읽고 다음 중 단어의 상징적 의미가 다른 것을 고르시오.

> 曠野(광야)
>
> 까마득한 날에 하늘이 처음 열리고
> 어데 닭 우는 소리 들렸으랴
>
> 모든 산맥(山脈)들이
> 바다를 연모(戀慕)해 휘달릴 때도
> 차마 이곳을 범(犯)하던 못하였으리라
>
> 끊임 없는 광음(光陰)을
> 부지런한 계절(季節)이 피여선 지고
> 큰 강(江)물이 비로소 길을 열었다
>
> 지금 ㉠ 눈 나리고
> ㉡ 매화 향기(梅花香氣) 홀로 아득하니
> 내 여기 가난한 노래의 ㉢ 씨를 뿌려라
>
> 다시 천고(千古)의 뒤에
> 백마(白馬)타고 오는 ㉣ 초인(超人)이 있어
> 이 광야(曠野)에서 목놓아 부르게 하리

① ㉠ 눈

② ㉡ 매화

③ ㉢ 씨

④ ㉣ 초인

12. 다음 글의 내용과 일치하는 것은?

> 어떤 것을 다른 것과 바꾸는 교환 활동은 새로운 상품을 만들어 내지 않기 때문에 교환 당사자들 중에 어느 한 사람이 이익을 보면 다른 쪽이 손실을 보는 것으로 흔히 생각하기 쉽다. 그러나 사람들이 교환 활동을 자발적으로 하고 있다는 것만 생각해 보아도 이러한 생각이 잘못된 것이라는 것을 금방 알 수 있다. 즉, 상품을 사는 사람이나 파는 사람 어느 한쪽이라도 교환을 통해서 이익이 될 것이라고 생각하지 않는다면 자발적인 교환이 성립하지 않을 것이기 때문이다.

① 사람들은 자발적으로 교환을 한다.
② 교환은 파는 사람이 손실을 본다.
③ 교환을 통해 새로운 상품이 생긴다.
④ 교환은 사는 사람이 이득이다.

13. 내용 전개상 단락 배열이 가장 적절한 것을 고르시오.

> ㈎ 삼국시대 가야 영역에서 만들어진 고분들을 통틀어 가야고분이라 한다.
> ㈏ 이러한 고분들을 만든 가야국은 우리나라 역사에서 삼국시대 낙동강 서쪽의 영남 지방에 자리하고 있던 여러 정치 집단의 통칭으로 삼한 가운데 변한의 소국들로부터 발전하였으나 하나의 국가로 통합되지 못한 채 분산적으로 존재하다가 6세기 중엽 신라에 모두 흡수되었다.
> ㈐ 이에 따라 가야고분의 중심지도 한 군데가 아니라 여러 곳에 분산적으로 존재한다.
> ㈑ 대표적인 것으로 금관가야의 중심지인 김해의 대성동고분군, 대가야의 중심지인 고령 지산동고분군, 아라가야의 중심지인 함안 말산리고분군·도항리고분군, 그리고 소가야의 중심지인 고성 송학동고분군 등이 있다.
> ㈒ 한편 최근에는 호남 동부 지역에서도 가야고분이 조사되어 가야의 영역이 이곳까지 뻗쳐 있었던 것으로 밝혀지고 있다.

① ㈐ – ㈒ – ㈑ – ㈎ – ㈏
② ㈎ – ㈏ – ㈐ – ㈑ – ㈒

③ ㈎ – ㈑ – ㈐ – ㈏ – ㈒
④ ㈐ – ㈎ – ㈑ – ㈒ – ㈏

14. 다음 글의 중심 내용으로 적절한 것은?

> 전통은 과거로부터 이어 온 것을 말하며, 대체로 사회 및 사회의 구성원의 몸에 배어 있는 것이다. 그러므로 스스로 깨닫지 못하는 사이에 전통은 우리의 현실에 작용하는 경우가 있다. 그러나 과거에서 이어 온 것을 모두 전통이라고 한다면, 우리가 버려야 할 인습과 구별이 되지 않을 것이다. 따라서 우리는 과거에서 이어 온 것을 객관화하고, 이를 비판하는 입장에 서야한다. 그 비판을 통해서 현재의 문화 창조에 이바지할 수 있다고 생각되는 것만을 전통이라고 불러야 할 것이다.

① 전통의 종류
② 인습의 종류
③ 전통의 본질
④ 인습의 본질

15. 다음 글의 ( )에 들어갈 접속어를 알맞게 나열한 것은?

> 우리나라의 공적 연금 제도에는 국민의 노후 생계를 보장해 주는 국민연금이 있다. 연금은 가입자가 현재 비용을 지불하고 나중에 편익을 얻게 된다. ( ) 사람들은 현재의 욕구에 대한 갈망이 더 크기 때문에 미래의 편익을 위해 현재 비용을 지불하지 않으려 한다. 문제는 젊었을 때 노후를 대비하지 않은 사람들을 위해 연금에 가입해서 성실하게 납부한 사람들의 세금 부담이 커질 수 있다는 것이다. ( ) 국가가 나서서 강제로 연금에 가입하도록 하는 것이다.

① 하지만 – 왜냐하면
② 그리고 – 결국
③ 그래도 – 그리하여
④ 그러나 – 그래서

16. 농도가 15%인 소금물의 물을 40g 증발시켜 농도가 25%인 소금물을 만든 후, 여기에 소금을 더 넣어 농도 70%의 소금물을 만든다면 몇 g의 소금을 넣어야 하겠는가?

① 60g   ② 70g
③ 80g   ④ 90g

17. 어떤 일을 처리하는 데 甲은 30건에 2시간, 乙은 2시간 반이 걸린다. 70건을 甲이 3시간 동안 처리한 후 乙에게 넘겨주었다. 乙이 처리해야 할 양과 소요 시간은 얼마인가?

① 20장, 1시간 30분
② 22장, 1시간 40분
③ 25장, 2시간 05분
④ 27장, 2시간 15분

18. 어떤 수를 82로 나누면 몫이 7이고, 나머지가 15였다. 어떤 수를 33으로 나누었을 때의 나머지를 구하면?

① 24   ② 28
③ 32   ④ 36

19. 원가가 500원인 물건이 있다. 이 물건을 정가의 50%를 할인해서 팔았을 때, 원가의 5%의 이익이 남게 하기 위해서는 원가에 몇 % 이익을 붙여 정가를 정해야 하는가?

① 80%   ② 90%
③ 100%   ④ 110%

20. 일의 자리의 숫자가 8인 두 자리의 자연수에서 십의 자리와 일의 자리의 숫자를 바꾸면 원래의 수의 2배보다 26만큼 크다고 할 때 이 자연수는?

① 28   ② 38
③ 48   ④ 58

21. 다음은 아파트 헬스장에 등록한 사람들의 나이와 성별을 조사한 표이다. 이에 대한 설명으로 옳지 않은 것은? (단, 계산 값은 소수점 둘째 자리에서 반올림한다.)

나이(세)	성별	
	남(명)	여(명)
~19	13	10
20~29	27	32
30~39	33	35
40~49	30	28
50~	17	20
합계	120	125

① 남성 회원의 경우 20~39세의 비율이 나머지 나이대의 비율보다 높다.
② 남녀 모두 40대부터 이용자수가 줄어든다.
③ 총 등록 인원은 남자보다 여자가 더 많다.
④ 남녀 회원 수 차이가 가장 큰 나이대는 30대이다.

22~23 다음은 한 대학에서 실시한 교내 공모전 참가자의 학과를 조사한 자료이다. 물음에 답하시오. (단, 계산 값은 소수점 둘째 자리에서 반올림한다.)

학과	2024년		2025년	
	인원(명)	비율(%)	인원(명)	비율(%)
경영	37		47	27.6
영문	24		32	18.8
심리	18		29	17.1
철학	13		20	11.8
정치	28		42	24.7

22. 2024년 참가율이 두 번째로 높은 학과는?

① 경영학과
② 영문학과
③ 심리학과
④ 정치학과

23. 2025년 참여 인원의 전년 대비 증가율이 가장 높은 학과는?

① 영문학과
② 심리학과
③ 철학학과
④ 정치학과

24~25 다음은 울산광역시 유료 도로에 대한 자료이다. 물음에 답하시오. (단, 계산 값은 소수점 둘째 자리에서 반올림한다.)

분류	도로수(개)	총길이(㎞)	건설비(억)
관광용 도로	5		30
산업용 도로	7	55	300
산업관광용 도로	9		400
합계	21	283	730

24. 산업용 도로 10㎞의 건설비는 얼마가 되겠는가?

① 45억
② 50억
③ 55억
④ 60억

25. 관광용 도로의 1㎞당 건설비가 1억이라고 할 때, 산업관광용 도로 8㎞의 건설비는 얼마가 되겠는가?

① 15억
② 16억
③ 17억
④ 18억

26. 다음과 같이 종이를 접은 후 구멍을 뚫어 펼친 그림으로 옳은 것은?

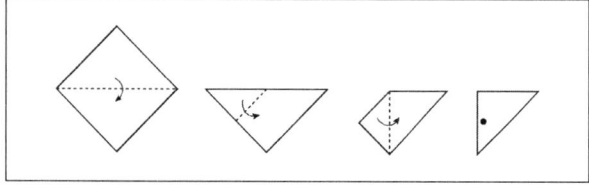

① 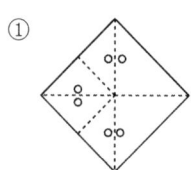　　②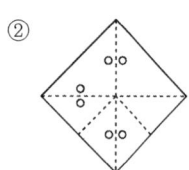

③ 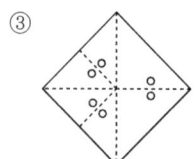　　④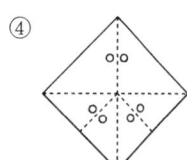

27. 다음 전개도를 접었을 때 나올 수 있는 도형의 형태로 알맞은 것을 고르시오.

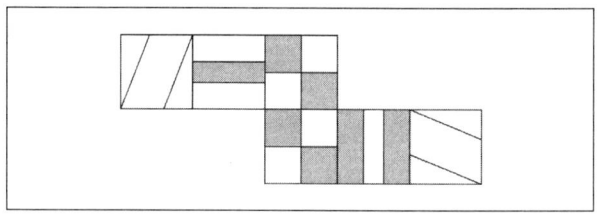

① 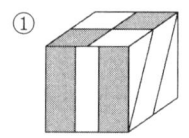　　②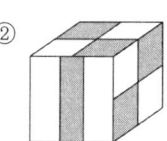

③ 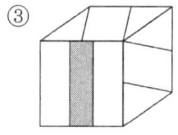　　④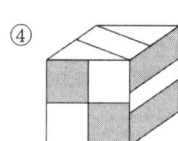

28. 다음 입체도형의 블록 개수는?

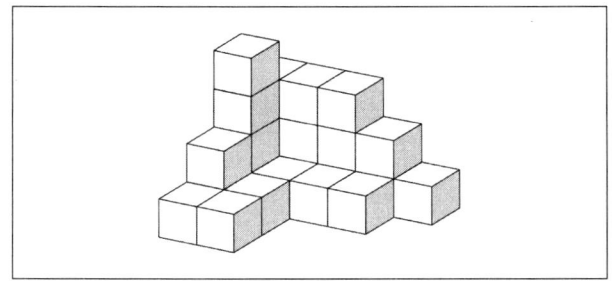

① 22개 ② 23개

③ 24개 ④ 25개

29. 다음 입체도형을 평면으로 잘랐을 때 생기는 단면의 모양이 아닌 것은?

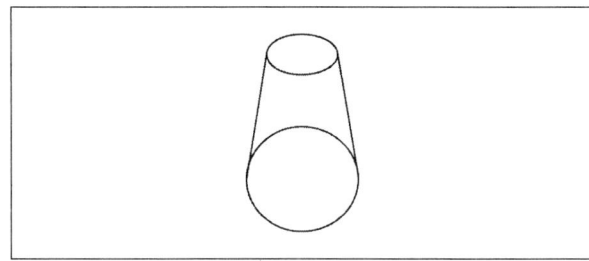

① ② ③ ④

30. 다음 제시된 단면을 참고하여 해당하는 입체도형을 고르시오.

평면	정면	우측면

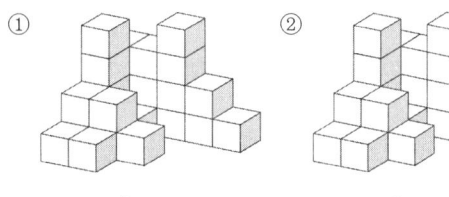

①
②

③
④

31. 다음의 주어진 결론을 반드시 참으로 하는 전제를 고르시오.

> 전제 1 : 현보네 농장 계란은 항상 싱싱하다.
> 전제 2 : _____
> 결론 : 현보네 농장 계란은 항상 맛있다.

① 하얀 계란이 맛있다.
② 싱싱한 계란은 맛있다.
③ 현보네 농장 계란은 하얀 색이다.
④ 현보네 농장 닭은 항상 건강하다.

32. 6명이 2명씩 3줄로 앉으려고 한다. 경원의 짝은 누구겠는가?

> • 경원은 가장 앞에 앉아 있다.
> • 도하는 경원과 가장 먼 자리에 앉아 있다.
> • 유리는 민지와 짝이다.
> • 보현은 민지의 앞자리에 앉아 있다.
> • 수영의 앞자리는 유리다.

① 도하
② 보현
③ 수영
④ 알 수 없다.

33. 다음에 제시된 전제에 따라 결론을 바르게 추론한 것은?

> • 봄에는 산수유, 매화, 목련, 개나리, 진달래, 벚꽃이 순서대로 개화한다.
> • 오늘은 개나리가 피었다.
> • 그러므로 _____

① 어제 진달래를 보았다.
② 산수유와 매화를 볼 수 없다.
③ 벚꽃이 개화할 것이다.
④ 목련은 꽃을 피우지 못했다.

34. 다음 중 잘못된 결론을 내린 것은?

① 인간은 모두 죽는다. − 플라톤은 인간이다. − 플라톤은 죽는다.
② 가을이 오면 길가에 코스모스가 핀다. − 가을이 왔다. − 길가에 코스모스가 핀다.
③ 내일은 비가 오거나 눈이 온다. − 내일은 눈이 오지 않는다. − 내일은 비가 온다.
④ 김치찌개 또는 된장찌개를 좋아한다. − 김치찌개를 좋아한다. − 된장찌개를 좋아한다.

35. 다음은 C매장에서 파는 음료의 매출 순위를 비교한 내용이다. 가장 판매량이 높은 음료와 가장 판매량이 낮은 음료를 바르게 짝지은 것은?

> • 수박주스는 해당 매장에서 가장 잘 팔리는 메뉴로 유명하다.
> • 키위주스는 토마토주스보다 덜 팔린다.
> • 딸기주스와 토마토주스는 판매량이 비슷하다.

① 수박주스, 키위주스
② 딸기주스, 키위주스
③ 수박주스, 토마토주스
④ 딸기주스, 토마토주스

▌36~40 ▌ 빈칸에 들어갈 알맞은 숫자를 고르시오.

36.

| 1 1 2 1 2 4 1 2 4 8 1 2 ( ) 8 10 |

① 4 ② 5
③ 6 ④ 7

37.

| 1 3 3 2 3 ( ) 3 3 9 4 3 12 5 3 15 |

① 5 ② 6
③ 7 ④ 8

38.

| 1 3 7 13 21 31 43 ( ) 73 91 |

① 55 ② 56
③ 57 ④ 58

39.

| 1 3 7 15 31 63 127 255 511 ( ) |

① 1020 ② 1021
③ 1022 ④ 1023

40.

27	72	41
69	◆	( )
59	28	73

① 30 ② 31
③ 32 ④ 33

41. 빈칸에 들어갈 도형으로 알맞은 것은?

△	▲	△
▼	▽	▼
▽	▲	▽

:

▽	▼	▽
△	▲	△
▼	△	( )

① ▼ ② ▽
③ ▲ ④ △

42. 눈이 오는 날 자동차 타이어에 스노우 체인을 감는 것과 관련된 것은?

① 부력
② 중력
③ 탄성력
④ 마찰력

43. 다음 혼합물을 물에 넣었을 때, 밀도차를 이용하여 분리 할 수 있는 것은?

① 공기
② 소금과 설탕
③ 모래와 스티로폼
④ 철 조각과 구리 조각

44. 다음은 엽록체에서 일어나는 광합성 과정을 나타낸 것이다. ( ) 안에 들어갈 물질은?

$$(\quad) + 물 \xrightarrow{\text{빛 에너지}} 포도당 + 산소$$

① 수소
② 질소
③ 암모니아
④ 이산화탄소

45. 다음 (가), (나)에 들어갈 말로 알맞은 것은?

수력 발전이란 높은 곳에 있는 물의 (가)를/을 이용하여 (나)를/을 얻는 발전 방식이다.

	(가)	(나)
①	운동 에너지	위치 에너지
②	전기 에너지	운동 에너지
③	위치 에너지	전기 에너지
④	전기 에너지	위치 에너지

울산광역시교육청
수업평가 모의고사

성 명

(자 필 성 명)

생 년 월 일

1	①	②	③	④		21	①	②	③	④		41	①	②	③	④
2	①	②	③	④		22	①	②	③	④		42	①	②	③	④
3	①	②	③	④		23	①	②	③	④		43	①	②	③	④
4	①	②	③	④		24	①	②	③	④		44	①	②	③	④
5	①	②	③	④		25	①	②	③	④		45	①	②	③	④
6	①	②	③	④		26	①	②	③	④						
7	①	②	③	④		27	①	②	③	④						
8	①	②	③	④		28	①	②	③	④						
9	①	②	③	④		29	①	②	③	④						
10	①	②	③	④		30	①	②	③	④						
11	①	②	③	④		31	①	②	③	④						
12	①	②	③	④		32	①	②	③	④						
13	①	②	③	④		33	①	②	③	④						
14	①	②	③	④		34	①	②	③	④						
15	①	②	③	④		35	①	②	③	④						
16	①	②	③	④		36	①	②	③	④						
17	①	②	③	④		37	①	②	③	④						
18	①	②	③	④		38	①	②	③	④						
19	①	②	③	④		39	①	②	③	④						
20	①	②	③	④		40	①	②	③	④						

⓪	⓪	⓪	⓪	⓪	⓪	⓪	⓪
①	①	①	①	①	①	①	①
②	②	②	②	②	②	②	②
③	③	③	③	③	③	③	③
④	④	④	④	④	④	④	④
⑤	⑤	⑤	⑤	⑤	⑤	⑤	⑤
⑥	⑥	⑥	⑥	⑥	⑥	⑥	⑥
⑦	⑦	⑦	⑦	⑦	⑦	⑦	⑦
⑧	⑧	⑧	⑧	⑧	⑧	⑧	⑧
⑨	⑨	⑨	⑨	⑨	⑨	⑨	⑨

SEOWONGAK

울산광역시교육청 교육공무직

제5회 소양평가 모의고사

성명		생년월일	
문제 수(배점)	45문항	풀이시간	/ 50분
영역	직무능력검사		
비고	객관식 4지선다형		

✳ 유의사항 ✳

- 문제지 및 답안지의 해당란에 문제유형, 성명, 응시번호를 정확히 기재하세요.
- 모든 기재 및 표기사항은 "컴퓨터용 흑색 수성 사인펜"만 사용합니다.
- 예비 마킹은 중복 답안으로 판독될 수 있습니다.

각 문제에서 가장 적절한 답을 하나만 고르시오.

1. 다음에 제시된 단어와 비슷한 의미를 가진 단어는?

> 우통하다

① 원통하다
② 굼뜨다
③ 우롱하다
④ 멋쩍다

2. 다음에 제시된 단어 간의 관계와 다른 것은?

> 두텁다 - 두껍다

① 걱정 - 염려
② 쥐다 - 잡다
③ 간혹 - 이따금
④ 변호사 - 변론

3. 다음 중 제시된 단어가 나타내는 뜻을 모두 포괄할 수 있는 단어는?

> 푸짐하다/진하다/기름지다/매달다

① 걸다
② 갈다
③ 굴다
④ 길다

4. 다음 중 바르게 쓰인 표현을 고르면?

① 선생님은 아이들을 <u>가리키는</u> 일을 한다.
② 작곡가 소개는 대표곡으로 <u>갈음하도록</u> 하겠습니다.
③ <u>오랫만에</u> 보니 너무 반갑다.
④ 너와 내가 만나 <u>비로서</u> 완벽해졌다.

5. 밑줄 친 부분이 어법에 맞는 것을 고르면?

① 그런 행동을 해도 나는 전혀 <u>섭섭치</u> 않다.
② <u>베갯닛</u>은 일주일에 한 번 빨아라.
③ 월세를 아끼려고 <u>전셋집</u>을 구하는 중이다.
④ 어디 한 번 <u>곰곰히</u> 생각해보렴.

6. 다음 중 띄어쓰기가 바르지 않은 문장은?

① 뭐 하러 사서 고생을 해.
② 거기 가 본 지 삼 년은 더 넘은 거 같아.
③ 어제 하루동안 정말 많은 일이 있었다.
④ 온 김에 이거나 좀 먹고 가.

7. 다음 ( ) 안에 들어갈 접속어를 순서대로 나열한 것은?

조선이 임진왜란 중 필사적으로 보존하고자 한 서적은 바로 조선왕조실록이다. 하지만 내란과 외적 침입으로 인해 봉안한 5곳 가운데 1곳의 실록은 소실되었다. 정족산, 태백산, 적상산, 오대산 4곳의 실록은 그 후 안전하게 지켜졌다. ( ) 일본이 다시 여기에 손을 대었다. 1910년 조선 강점 이후 일제는 정족산과 태백산에 있던 실록을 조선총독부로 이관하고 적상산의 실록은 구황궁 장서각으로 옮겼으며 오대산의 실록은 일본 동경제국대학으로 반출했다. 일본으로 반출한 것은 1923년 관동대지진 때 거의 소실되었다. 정족산과 태백산의 실록은 1930년에 경성제국대학으로 옮겨져 지금까지 서울대학교에 보존되어 있다. ( ) 장서각의 실록은 6·25전쟁 때 북으로 옮겨져 현재 김일성종합대학에 소장되어 있다.

① 하지만, 그러므로
② 또한, 왜냐하면
③ 예를 들어, 한편
④ 그러나, 한편

8. 문장의 의미가 두 가지 이상으로 해석되지 않는 것은?

① 친구는 나보다 드라마를 좋아한다.
② 약속 시간이 되었는데 모임 사람들이 다 오지 않았다.
③ 용감한 나의 대장은 적진으로 돌진하였다.
④ 인정이 많은 동료에게 배울 점이 많다.

9. 다음 중 외래어 표기가 잘못된 것은?

① 렌터카
② 플래카드
③ 모라토리엄
④ 카운슬링

10. 다음을 읽고, 빈칸에 들어갈 내용으로 가장 알맞은 것을 고르시오.

슬로비치 모델은 과학기술 보도의 사회적인 증폭 양상에 보다 주목하는 이론이다. 이 모델은 언론의 과학기술 보도가 어떻게 사회적인 증폭 역할을 수행하게 되는지, 그리고 그 효과가 사회적으로 어떤 식으로 확대 재생산될 수 있는지를 보여 준다. 특정 과학기술 사건이 발생하면 뉴스 보도로 이어진다. 이때 언론의 집중 보도는 수용자 개개인의 위험 인지를 증폭시키며, 이로부터 수용자인 대중이 위험의 크기와 위험 관리의 적절성에 대하여 판단하는 정보 해석 단계로 넘어간다. 이 단계에서 이미 증폭된 위험 인지는 보도된 위험 사건에 대한 해석에 영향을 미쳐 _____. 이로 말미암은 부정적 영향은 그 위험 사건에 대한 인식에서부터 유관기관, 업체, 관련 과학기술 자체에 대한 인식에까지 미치게 되며, 또한 관련 기업의 매출 감소, 소송의 발생, 법적 규제의 강화 등의 다양한 사회적 파장을 일으키게 된다.

① 보도 대상에 대한 신뢰 훼손과 부정적 이미지 강화로 이어진다.
② 대중들로 하여금 잘못된 선택을 하게 한다.
③ 대중들의 선택에 모든 책임을 부여한다.
④ 언론에 대한 대중들의 신뢰가 무너지게 된다.

11. 다음을 읽고, 빈칸에 들어갈 내용으로 가장 알맞은 것을 고르시오.

권위주의로부터 민주주의로의 이행은 국가 권력에서 정통성이 없는 권위주의 정치 세력을 배제하고 선거 경쟁을 통해 정부를 구성하여 민주적 절차를 마련해 가는 과정을 의미한다. 민주주의로의 이행 과정을 중시하는 주창자들은 공통적으로 민주주의란 국민으로부터 지지를 얻기 위한 자유롭고 공정한 선거 경쟁에서 다수의 표를 얻은 정당 및 정치인들이 국가 권력을 획득하는 제도적 장치라는 점을 강조한다. 민주주의를 정치적 경쟁 및 참여가 보장되는 기본적인 절차로 해석하는 것도 이러한 설명의 연장선상에 있다. 이러한 절차적 제도로는 투표권, 공무 담임권, 자유롭고 공정한 선거, 결사의 자유, 표현의 자유 등을 들 수 있다. 하지만 _____. 그리고 정기적이고 공정한 선거 경쟁을 통해 대표와 정부가 구성되고 국민을 대변하는 절차가 확보되었다고 해서 반드시 경제적 균열과 사회적 갈등이 해소되는 것도 아니다. 오늘날 상당수의 민주주의 국가에서 권력 및 자원 배분상의 불합리로 권력 남용과 사회적·경제적 불평등이 만연하여 갈등과 긴장이 조성되고 있는 것은 이를 방증한다.

① 참여 기회가 확대될수록 국민들의 책임이 커질 수밖에 없다.
② 참여 기회가 확대되면 그만큼 국민들의 실질적인 참여가 확대된다.
③ 자유롭고 공정한 선거를 통해 선출된 정치인들은 국민의 권리를 위해 일한다.
④ 참여 기회가 확대되었다고 실질적 참여가 확대되는 것은 아니다.

12. 내용 전개상 단락 배열이 가장 적절한 것을 고르시오.

(가) 우리나라 가계 조사의 시초는 1951년 한국은행에서 전시 중의 국민 소비 수준을 측정하기 위하여 부산의 60가계를 대상으로 조사한 것이 최초이다.

(나) 이 자료는 국민의 생활 수준 및 소비 생활 실태를 파악하게 해 주며 국가가 소비자 물가 지수를 산출하거나 임금 정책·사회 보장 제도 등을 수립하는 데 기초 자료로 쓰이고 있다.

(다) 가계 조사는 가계의 경제 상태 및 생활 수준의 변동 상황을 파악하기 위하여 가계 수입과 가계 지출을 세부 항목별로 조사하는 것이다.

(라) 이어 1954년에는 서울의 근로자 100가계를 대상으로 조사하였으며 이는 1959년까지 계속되었다.

(마) 하지만 이러한 조사는 그 조사 대상이 극히 일부 근로자에 국한되었고 표본 선출 과정에도 객관성이 결여되어 있었으므로 1960년에는 조사 대상을 선정하는 방법을 개선하여 실행하였고 1990년부터는 통계청에서 실시하여 매년 「한국통계연감」·「도시가계연보」 등에 발표하고 있다.

① (다) - (나) - (가) - (라) - (마)
② (다) - (라) - (가) - (나) - (마)
③ (라) - (마) - (나) - (다) - (가)
④ (라) - (다) - (나) - (마) - (가)

13. 다음 글의 내용을 이해한 것으로 바르지 못한 것은?

> 매년 청소년 흡연율은 증가하는 추세이다. 청소년보호법에 따르면 미성년자에게 담배를 팔 경우 2년 이하의 징역이나 1천만 원 이하의 벌금, 100만 원 이하의 과징금을 내도록 되어 있다. 그러나 담배 판매상의 잘못된 의식, 시민들의 고발정신 부족 등으로 인해 청소년에게 담배를 판매하는 행위가 제대로 시정되지 않고 있다. 또한 현재 담배 자동판매기의 대부분이 국민건강증진법에 허용된 장소에 설치되어 있다고는 하나, 그 장소가 주로 공공건물 내의 식당이나 상가 내 매점 등에 몰려 있다. 이런 장소들은 청소년들의 출입이 용이하기 때문에 그들이 성인의 주민등록증을 도용하여 담배를 사더라도 이를 단속하기가 어려운 실정이다.

① 법규의 실효성이 미흡하고, 시설관리체계가 허술하다.
② 청소년이 담배를 구입하기는 어렵지 않다.
③ 자동판매기는 국민건강증진법에 맞는 장소에 설치를 해야 한다.
④ 청소년이 담배를 구입하는 것을 시정하기 위해서는 시민의 관심도 필요하다.

14. 다음의 문장이 들어가기에 적절한 위치를 고르면?

> 언어결정론자들의 주장에 따르면 에스키모인들은 눈에 관한 다양한 언어 표현들을 갖고 있어서 눈이 올 때 우리가 미처 파악하지 못한 미묘한 차이점들을 찾아낼 수 있다.

> 우리의 생각과 판단은 언어에 의해 결정되는가 아니면 경험에 의해 결정되는가? ㉠ 언어결정론자들은 우리의 생각과 판단이 언어를 반영하고 있고 실제로 언어에 의해 결정된다고 주장한다. ㉡ 에스키모인들의 눈에 관한 언어를 생각해보자. ㉢ 또 언어결정론자들은 '노랗다', '샛노랗다' 등 노랑에 대한 다양한 우리말 표현들이 있어서 노란색들의 미묘한 차이가 구분되고 그 덕분에 색에 관한 우리의 인지 능력이 다른 언어 사용자들 보다 뛰어나다고 본다. ㉣ 이렇듯 언어결정론자들은 사용하는 언어에 의해서 우리의 사고 능력이 결정된다고 말한다.

① ㉠
② ㉡
③ ㉢
④ ㉣

15. 다음 글을 참고할 때, '깨진 유리창의 법칙'이 시사하는 바로 가장 적절한 설명은?

> 1969년, 한 심리학자는 심리 실험을 했다. 범죄가 자주 발생하는 골목에 새 승용차 한 대를 보닛을 열어놓은 상태로 방치시켰다. 일주일 후에 확인해보니 그 차는 아무런 이상이 없었다. 이번에는 새 승용차의 한쪽 유리창을 깬 상태로 방치시켰다. 이번에는 불과 10분만에 배터리가 없어지고 차 안에 쓰레기가 버려져 있었다. 시간이 지나면서 낙서, 도난, 파괴가 연이어 일어났다. 1주일이 지나자 그 차는 거의 고철상태가 되어 폐차장으로 실려 갈 정도가 되었던 것이다. 훗날 이 실험 결과는 '깨진 유리창의 법칙'이라는 이름으로 불리게 된다.

① 문제는 사전에 예방해야 한다.
② 범죄는 아무도 보는 사람이 없을 때 일어날 확률이 크다.
③ 작은 일을 철저히 관리하면 큰 사고를 막을 수 있다.
④ 표적이 되지 않기 위해서는 자동차 문단속을 잘해야 한다.

16. 공장에서 A제품을 만드는 데 $3\frac{1}{6}$ 시간이 걸린다. 그렇다면 $10\frac{2}{18}$ 시간 동안 만들 수 있는 제품은 최대 몇 개인가?

① 3개
② 4개
③ 5개
④ 6개

17. 나석이는 자신이 가진 7%의 소금물 300g과 하루가 가진 소금물을 섞어 9%의 소금물 500g을 만들려고 한다. 이 때 하루가 가지고 있던 소금물의 양과 농도는?

① 200g, 10%
② 200g, 11%
③ 200g, 12%
④ 200g, 13%

18. 어떤 강을 따라 20km 떨어진 지점을 배로 왕복하려고 한다. 올라 갈 때에는 5시간이 걸리고 내려올 때에는 4시간이 걸린다고 할 때 강물이 흘러가는 속력은 얼마인가? (단, 배의 속력은 일정하다.)

① 0.5km/h
② 1km/h
③ 1.5km/h
④ 2km/h

19. 두 개의 주사위를 동시에 던질 때 나오는 두 수의 합이 4보다 작거나 같을 확률은?

① $\dfrac{1}{6}$ ② $\dfrac{1}{5}$

③ $\dfrac{1}{4}$ ④ $\dfrac{1}{3}$

20. 할머니가 30만 원을 세 손주에게 용돈으로 나누어 주려고 한다. 첫째와 둘째는 2:1, 둘째와 셋째는 8:6의 비율로 준다면, 셋째가 받는 용돈은 얼마인가?

① 4만 원   ② 5만 원

③ 6만 원   ④ 7만 원

21. 거장이는 올해 9살이다. 엄마의 나이는 거장이와 동생의 나이를 합한 값의 두 배이고, 5년 후의 엄마의 나이는 동생 나이의 세 배일 때, 올해 동생의 나이는 몇 살인가?

① 5세

② 6세

③ 7세

④ 8세

22. 다음은 어느 회사의 공장별 제품 생산 및 판매 실적에 대한 자료이다. 이에 대한 설명으로 옳지 않은 것은? (단, 계산 값은 소수점 둘째 자리에서 반올림한다.)

(단위 : 대)

공장	2023년 12월	2023년 전체	
	생산 대수	생산 대수	판매 대수
A	25	586	475
B	21	780	738
C	32	1,046	996
D	19	1,105	1,081

- 2024.1.1. 기준 재고 수＝2023 전체 생산 대수－2023 전체 판매 대수
- 판매율＝(판매대수/생산대수)×100
- 2023.1.1.부터 제품을 생산·판매함

① 2024년 1월 1일 기준, D공장의 재고가 제일 적다.

② 2024년 1월 1일 기준, 재고 수가 가장 많은 공장의 2023년 전체 판매율은 80% 이상이다.

③ 2023년 12월 생산 대수가 가장 많은 공장과 2024년 1월 1일 기준 재고 수가 가장 많은 공장은 동일하다.

④ B공장의 2023년 전체 판매율은 90% 이상이다.

23. 다음은 어느 프랜차이즈 식당 전 매장의 7–8월 판매량을 조사한 표이다. ⓐ~ⓓ까지 들어갈 수로 옳지 않은 것은?

메뉴	7월	8월	합계
김밥	ⓐ	371	584
떡볶이	218		393
라면	347	254	ⓑ
순대	159	ⓒ	
합계	ⓓ	838	

① ⓐ – 213
② ⓑ – 601
③ ⓒ – 40
④ ⓓ – 937

24. 다음은 2020~2023년까지 4년간 생명 보험의 전체 수지실적에 관한 자료이다. 이에 대한 설명으로 옳은 것은? (단, 계산 값은 소수점 둘째 자리에서 반올림한다.)

(단위 : 십억원)

연도	경과보험료	발생손해액	순사업비
2020	61,472	35,584	10,989
2021	66,455	35,146	12,084
2022	75,096	44,877	13,881
2023	73,561	47,544	13,715

• 손해율 : (총지출액/경과보험료)×100
• 손해율은 보험사의 수지실적을 나타내는 지표
• 총지출액＝발생손해액＋순사업비

① 4년간 경과보험료는 매년 증가하고 있다.
② 손해율은 2020년에 가장 낮았다.
③ 손해율은 매년 증가하고 있다.
④ 2023년 손해율은 80% 이상이다.

25. 다음은 신용 대출의 중도 상환에 관한 내용이다. 한동이는 1년 후에 일시 상환하는 조건으로 1,000만 원을 신용 대출 받았다. 그러나 잔여기간이 100일 남은 상태에서 중도 상환하려고 한다. 한동이가 부담해야 하는 해약금은 약 얼마인가? (단, 원 단위는 절사한다.)

• 중도 상환 해약금 : 중도 상환 금액×중도상환적용요율
×(잔여기간/대출기간)

구분	부동산담보대출	신용/기타 담보대출
적용요율	1.4%	0.8%

• 대출기간은 대출개시일로부터 대출기간만료일까지의 일수로 계산하되, 대출기간이 3년을 초과하는 경우에는 3년이 되는 날을 대출기간만료일로 한다.
• 잔여기간은 대출기간에서 대출개시일로부터 중도상환일까지의 경과일수를 차감하여 계산한다.

① 20,910원
② 21,910원
③ 22,910원
④ 23,910원

26. 다음과 같이 종이를 접은 후 구멍을 뚫어 펼친 그림으로 옳은 것은?

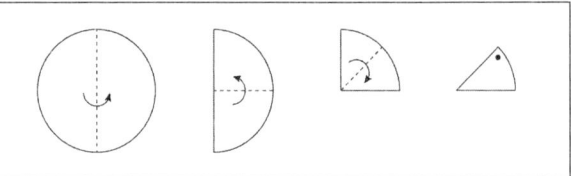

①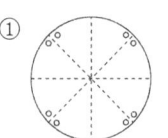
②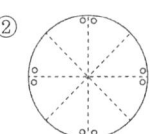
③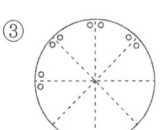
④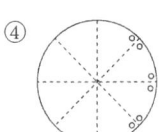

27. 다음 전개도를 접었을 때 나올 수 있는 도형의 형태로 알맞은 것을 고르시오.

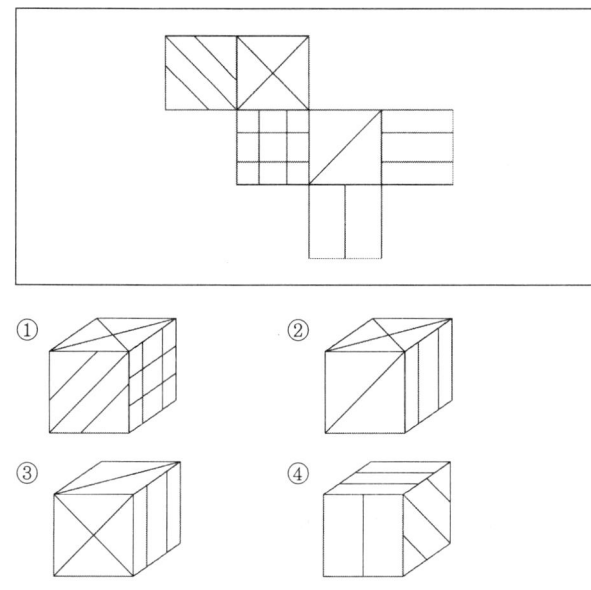

28. 다음의 단면을 참고하여 해당하는 입체도형을 고르시오.

평면	정면	우측면

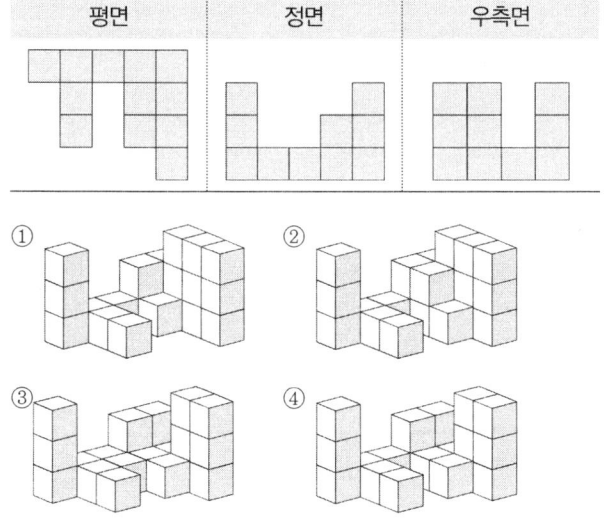

29. 다음 도형을 펼쳤을 때 나타날 수 있는 전개도를 고르시오.

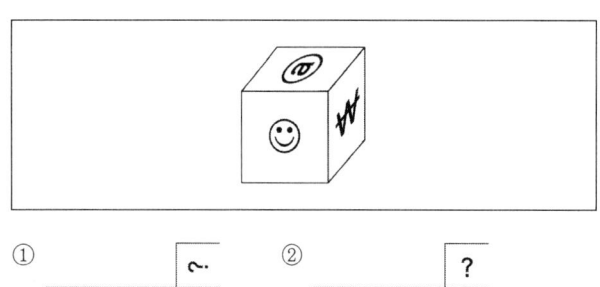

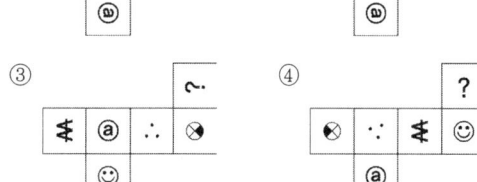

30. 다음 도형과 일치하는 그림을 고르시오.

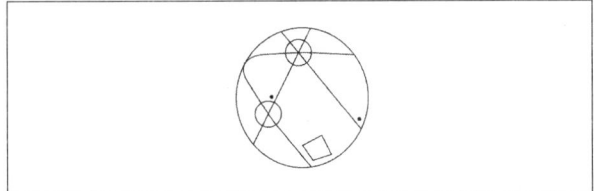

① 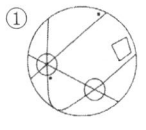　　②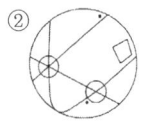

③ 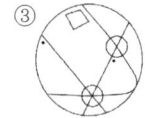　　④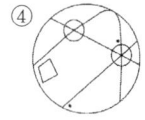

31. 다음의 주어진 결론을 반드시 참으로 하는 전제를 고르시오.

전제1 : A마을에 사는 사람들은 금붕어를 키운다.
전제2 : _____
결론 : A마을에 사는 사람들은 B기업에 다니지 않는다.

① A마을과 B기업은 거리가 멀다.
② 금붕어를 키우지 않는 사람들은 A마을에 살지 않는다.
③ B기업에 다니는 사람들은 금붕어를 키우지 않는다.
④ 어떤 A마을 사람들은 B기업을 싫어한다.

32. 다음 상황에서 진실을 얘기하고 있는 사람이 한 명 뿐일 때 총을 쏜 범인과 진실을 이야기 한 사람으로 바르게 짝지어진 것은?

어느 아파트 옥상에서 한 남자가 총에 맞아 죽은 채 발견됐다. 그의 죽음을 조사하기 위해 형사는 피해자의 사망시각에 아파트 엘리베이터의 CCTV에 찍혔던 용의자 A, B, C, D 네 남자를 연행하여 심문하였는데 이들은 다음과 같이 진술하였다.
A : B가 총을 쐈습니다. 내가 봤어요.
B : C와 D는 거짓말쟁이입니다. 그들의 말은 믿을 수 없어요!
C : A가 한 짓이 틀림없어요. A와 그 남자는 사이가 아주 안 좋았단 말입니다.
D : 내가 한 짓이 아니에요. 나는 죽일 이유가 없습니다.

① 범인 : A, 진실 : C
② 범인 : B, 진실 : A
③ 범인 : C, 진실 : D
④ 범인 : D, 진실 : B

33. 甲~戊 중 두 명만 승진했다. 甲~戊 중 두 명은 거짓을 말하고 세 명은 참을 말하고 있을 때, 다음 조건을 바탕으로 승진한 사람을 고르시오. (단, 참을 말하는 사람의 발언은 모두 참이며 거짓을 말하는 사람의 발언은 모두 거짓이다.)

- 甲 : 丙은 승진하지 못했어.
- 乙 : 나는 승진하지 못했고 戊는 승진했어.
- 丙 : 나는 승진을 했고 甲은 승진하지 못했어.
- 丁 : 나는 승진하지 못했고 甲도 승진하지 못했어.
- 戊 : 丁은 승진하지 못했어.

① 甲, 乙
② 乙, 丙
③ 乙, 戊
④ 甲, 丁

34. 다음의 명제들을 통해 추론한 설명으로 옳은 것은?

- 부산을 가 본 사람은 서울을 가 보았다.
- 서울을 가 본 사람은 여수도 가 보았다.
- 여수를 가 본 사람은 춘천은 가보지 않았다.
- 춘천을 가 본 사람은 대전을 가보지 않았다.

① 서울을 가 본 사람은 대전을 가 보았다.
② 춘천을 가 본 사람은 부산에 가보지 않았다.
③ 대전을 가보지 않은 사람은 여수를 가 보았다.
④ 여수를 가보지 않은 사람은 서울을 가 보았다.

35. 제시된 보기가 모두 참일 때, 다음 중 옳은 것은?

- 가을이 오면 날씨가 선선해진다.
- 유리는 선선한 날씨가 되면 어떤 잘못도 용서해준다.
- 리사는 유리가 가장 아끼는 옷에 과일주스를 쏟았다.

① 유리는 리사에게 과일주스를 다시 사줘야 한다.
② 리사는 가을이 오면 들뜬다.
③ 리사는 가을이 왔을 때 유리에게 용서를 빌면 용서받을 수 있다.
④ 유리는 여름이 되면 포악해진다.

┃36~40┃ 다음 제시된 숫자의 배열을 보고 규칙을 적용하여 들어갈 알맞은 수를 고르시오.

36.

| 1 17 33 49 65 81 ( ) 113 |

① 95　　　　　　② 96
③ 97　　　　　　④ 98

37.

| 300　150　50　$\frac{25}{2}$　$\frac{5}{2}$　( ) |

① $\frac{5}{12}$　　　　　② $\frac{15}{2}$
③ $\frac{10}{12}$　　　　　④ $\frac{20}{2}$

38.

| 2 6 3 9 6 ( ) 15 45 |

① 15　　　　　　② 16
③ 17　　　　　　④ 18

39.

| 2 1 3 ( ) 7 11 18 30 48 |

① 3　　　　　　② 4
③ 5　　　　　　④ 6

40.

| ( ) 1 2 4 3 9 4 16 5 25 |

① 1　　　　　　② 2
③ 3　　　　　　④ 4

41. 산 정상에 올랐을 때 귀가 먹먹해지는 현상과 관련이 있는 법칙은?

① 샤를의 법칙
② 보일의 법칙
③ 피츠의 법칙
④ 벤포드의 법칙

42. 탄산음료 병의 뚜껑을 열어 놓았더니 기체가 많이 빠져 나갔다. 이 기체의 종류와 남은 사이다의 pH 변화로 옳은 것은?

① 산소, 증가
② 산소, 감소
③ 이산화탄소, 증가
④ 이산화탄소, 감소

43. 물체가 운동할 때, 속력과 방향이 함께 변하는 운동은?

① 에스컬레이터의 운동
② 비스듬히 던져 올린 공의 운동
③ 지구 주위를 도는 인공위성의 운동
④ 빗면을 따라 내려가는 수레의 운동

44. 그림과 같이 용수철을 오른쪽으로 당겼을 때, 손에 작용하는 탄력성의 방향은?

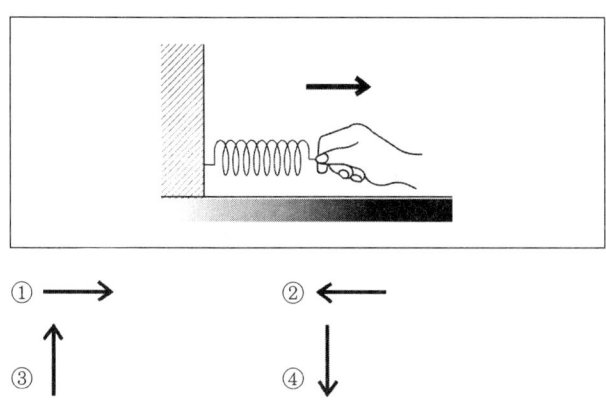

① ⟶   ② ⟵

③ ↑   ④ ↓

45. 식물의 호흡에 대한 설명으로 옳은 것은?

① 식물은 호흡을 하지 않는다.

② 식물은 호흡을 통해 포도당을 만든다.

③ 식물의 호흡은 밤낮으로 항상 일어난다.

④ 식물은 호흡할 때 이산화탄소를 흡수한다.

울산광역시교육청
수학과 모의고사

성명

성 명 (자 필)

생 년 월 일

번호	답란			
1	①	②	③	④
2	①	②	③	④
3	①	②	③	④
4	①	②	③	④
5	①	②	③	④
6	①	②	③	④
7	①	②	③	④
8	①	②	③	④
9	①	②	③	④
10	①	②	③	④
11	①	②	③	④
12	①	②	③	④
13	①	②	③	④
14	①	②	③	④
15	①	②	③	④
16	①	②	③	④
17	①	②	③	④
18	①	②	③	④
19	①	②	③	④
20	①	②	③	④

번호	답란			
21	①	②	③	④
22	①	②	③	④
23	①	②	③	④
24	①	②	③	④
25	①	②	③	④
26	①	②	③	④
27	①	②	③	④
28	①	②	③	④
29	①	②	③	④
30	①	②	③	④
31	①	②	③	④
32	①	②	③	④
33	①	②	③	④
34	①	②	③	④
35	①	②	③	④
36	①	②	③	④
37	①	②	③	④
38	①	②	③	④
39	①	②	③	④
40	①	②	③	④

번호	답란			
41	①	②	③	④
42	①	②	③	④
43	①	②	③	④
44	①	②	③	④
45	①	②	③	④

⓪	①	②	③	④	⑤	⑥	⑦	⑧	⑨

SEOWONGAK

울산광역시 교육청
교육공무직
소양평가 모의고사

5회분 봉투모의고사

정답 및 해설

1	②	2	③	3	②	4	②	5	④
6	①	7	①	8	①	9	①	10	③
11	②	12	③	13	③	14	③	15	④
16	③	17	②	18	③	19	③	20	④
21	①	22	③	23	③	24	③	25	②
26	③	27	②	28	②	29	②	30	④
31	②	32	④	33	③	34	②	35	③
36	④	37	④	38	②	39	④	40	①
41	①	42	②	43	①	44	④	45	①

1 | ②

열력 … 여러 가지 일을 겪으며 지내 옴
② 경력 : 여러 가지 일을 겪으며 지내 옴. 또는 지금까지 겪거나 거쳐 온 직업이나 학력 따위의 일
① 고한 : 다짐을 두는 기한
③ 괘력 : 벽이나 기둥에 걸어 놓고 보는 일력이나 달력
④ 공백 : 아무것도 없이 비어 있음

2 | ③

춘부장 … 남의 아버지를 높여 부르는 말
③ 자당(慈堂) : 남의 어머니를 높여 부르는 말
① 부주(父主) : 자신의 아버지를 높여 부르는 말
② 선친(先親) : 남에게 돌아가신 자신의 아버지를 높여부르는 말
④ 춘당(椿堂) : 남의 아버지를 높여 부르는 말

3 | ②

① 비슷하다
③ 지루하다
④ 가름하다

4 | ②

② 어떤 일에 돈, 시간, 노력, 물자 따위가 쓰이다.
① 방이나 집 따위에 있거나 거처를 정해 머무르게 되다.
③ 어떤 물건이나 사람이 좋게 받아들여지다.
④ 어떠한 시기가 되다.

5 | ④

① 바투 : 가깝게, 아주 짧게
② 엄친 : 엄한 부모. 주로 남에게 자기 아버지를 높여 부르는 말
③ 진즉 : 좀 더 일찍

6 | ①

천의무봉(天衣無縫) … 완전무결하여 흠이 없음
① 완전무결(完全無缺) : 온전히 갖추어져 있어 흠이 없음
② 와신상담(臥薪嘗膽) : 마음먹은 일을 이루기 위하여 갖은 어려움과 괴로움을 참아 견딤
③ 선남선녀(善男善女) : 착한 남자와 여자. 젊은 남녀를 좋게 이르는 말
④ 천방지축(天方地軸) : 급하여 허둥지둥하는 모양. 또는 못난 사람이 덤벙거림

7 | ①

㈐ 갑인자의 소개와 주조 이유 → ㈏ 갑인자의 이명(異名) → ㈑ 갑인자의 모양이 해정하고 바른 이유 → ㈒ 경자자와 비교하여 개량·발전된 갑인자 → ㈓ 현재 전해지는 갑인자본의 특징 → ㈔ 우리나라 활자본의 백미가 된 갑인자

8 | ①

체내 수분은 생태에 일어나는 생화학적 반응의 용매로서 작용할 뿐만 아니라 영양소의 운반·배출·분비, 삼투압 조절 및 체온 조절 등에 관여하고 혈량을 유지하는 데 필수적이며 체내 영양 공급 및 노폐물 배설에도 주요한 역할을 한다. 신체의 향상성 유지, 면역력 증진 등에도 도움이 된다.

9 | ①

〈보기〉의 내용은 고대 그리스의 민주주의나 대헌장은 대중 민주주의와는 거리가 멀다는 내용이다. ①의 뒤에 오는 내용은 대중 민주주의의 시작에 대해 말하고 있으므로 〈보기〉의 위치는 ①에 오는 것이 적절하다.

10 | ③

ⓒ에서 먼저 백내장에 대한 관심을 불러일으킨 뒤, ⓐ에서 백내장의 정의를 설명한다. ⓑ에서 백내장은 예방법과 치료법이 없고 수술을 해야 한다며, ⓖ에서 그러므로 백내장의 조기 발견이 중요함을 말한다.

11 | ②

첫째 문단에서는 공유된 이익이 확장되면 적국과 협력국의 구별이 어려워진다는 과제를 제시하였고, 마지막 문장에서 이러한 이익 갈등은 계속 존재하게 될 것이라고 하였다. 따라서 ②가 글의 중심 내용으로 적절하다.

12 | ③

글의 주제는 '애니메이션'이다. 따라서 ① 또는 ③이 되어야 하는데 ③ 뒤에 ①이 오는 것이 더 자연스러우므로 ③이 적절하다.

13 | ③

'되~'에 '아/어라'가 붙는 말의 줄임말로 쓰일 경우는 '돼'가 올바른 표현이며, '(으)라'가 붙으며 '아/어'가 불필요한 경우에는 그대로 '되'를 쓴다. 따라서 제시된 각 문장에는 다음의 어휘가 올바른 사용이다.

ⓐ '되어야' 혹은 '돼야'
ⓑ '되기'
ⓒ '되어' 혹은 '돼'
ⓓ '되어야' 혹은 '돼야'

14 | ③

남자가 한 명도 선출되지 않을 확률은 여자만 선출될 확률과 같은 의미이다.

$$_5C_2 = \frac{5!}{2! \times (5-2)!} = 10, \quad _{12}C_2 = \frac{12!}{2! \times (12-2)!} = 66$$

$$\frac{_5C_2}{_{12}C_2} = \frac{10}{66} = \frac{5}{33}$$

15 | ④

$(33 + 27) \times 15 = 900$

16 | ③

지영의 집에서 공원까지의 거리를 x km라고 할 때, 공원까지의 소요 시간은 $\frac{x}{14}$, 공원에서 집까지의 소요 시간은 $\frac{x}{6}$ 이다. 1시간 반을 치환하면 $\frac{3}{2}$ 이므로,

$$\frac{x}{14}+\frac{x}{6}=\frac{3}{2}$$

$$\frac{14x+6x}{84}=\frac{7x+3x}{42}=\frac{10x}{42}, \quad \frac{5x}{21}=\frac{3}{2}$$

$$10x=63$$

$$\therefore \ 6.3 \text{km}$$

17 | ②

㉠ 리그 경기 수 $= {}_n\text{C}_2 = \frac{n(n-1)}{2}$ 이므로,

$$_4\text{C}_2 = \frac{4(4-1)}{2} = 6$$

한 조의 경기 수가 6번이므로 총 48경기를 한다.

㉡ 토너먼트 경기 수 $= n-1$ 이므로, 15경기를 하며 3 · 4위전 경기가 있으므로 총 16번의 경기를 한다.

$$\therefore \ 48+16=64$$

18 | ③

4%의 소금물 무게를 x 라고 하고 8%의 소금물 무게를 y 라고 했을 때 $x+y=800$ 이다.

계산하면 $\frac{4}{100}x+\frac{8}{100}y=\frac{5}{100}\times 800 = 4x+8y=4,000$

$y=(800-x)$ 이므로

$$4x+8(800-x)$$

$$=4x-8x+6,400=4,000$$

$$=4x=2,400$$

$$\therefore \ x=600(\text{g})$$

19 | ③

① 독일 정부가 부담하는 연구비 :

$6,590+4,526+7,115=18,231$

미국 정부가 부담하는 연구비 :

$33,400+71,300+28,860=133,560$

② 정부 부담 연구비 중에서 산업의 사용 비율이 가장 높은 것은 미국이며, 가장 낮은 것은 일본이다.

④ 미국 대학이 사용하는 연구비 : $28,860+2,300=31,160$

일본 대학이 사용하는 연구비 : $10,921+458=11,379$

20 | ④

1930년에 비해 1931년에 소작쟁의 발생 건수가 증가한 지역은 충청도다.

21 | ①

① 1930년 : $\frac{13,011}{726}=17.92$

② 1933년 : $\frac{10,337}{1,977}=5.23$

③ 1934년 : $\frac{22,454}{7,544}=2.98$

④ 1935년 : $\frac{59,019}{25,834}=2.28$

22 | ②

수출량과 수입량 모두 상위 10위에 들어있는 국가는 네덜란드와 중국이다.

23 | ③

③ 기업별 방문객의 수만 제시되어 있는 자료이므로 매출액과 관련된 자료를 알 수 있는 방법은 없다.

① 전체 방문객을 기업의 수로 나누어 평균 방문객 수를 알 수 있다.

② 하단에 전체 합계와 주어진 기업별 방문객 수의 합이 일치하므로 전체 방문객 방문 현황을 알 수 있다.

④ 전체 방문객이 가장 많은 기업을 확인하여 매년 동일한지 또는 어느 해에 어떻게 달라졌는지 등을 확인할 수 있다.

24 | ③

① 국민들이 권력이나 돈을 이용해 분쟁을 해결하려는 것을 볼 때 준법 의식이 약하다는 것을 알 수 있다.

② 권력이 법보다 분쟁 해결 수단으로 많이 사용되고, 권력이 있는 사람이 처벌받지 않는 경향이 있다는 것은 법보다 권력이 우선함을 의미한다.

④ 악법도 법이라는 사고는 법을 준수해야 한다는 시각이므로 자료의 결과와 모순된다.

25 | ②

제시된 도형을 오른쪽 방향으로 틀었을 때 모양이다.

26 | ③

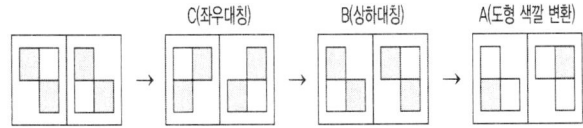

27 | ②

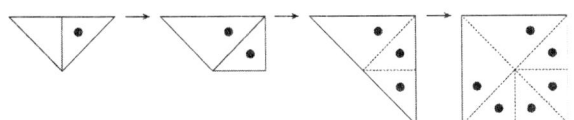

28 | ②

제시된 전개도에서 맞닿는 면을 표시하면 다음과 같다.

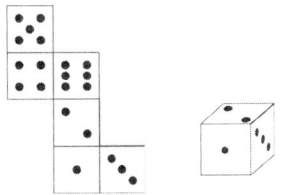

29 | ②

가장 아래부터 세어 보면, 14 + 6 = 20(개)이다.

30 | ④

제시된 수열은 첫 번째 제시된 수에 일의 자릿수와 십의 자릿수를 더하면 다음 수가 되는 규칙을 가지고 있다. 따라서 빈칸은 79+7+9=95가 된다.

31 | ②

제시된 수열은 ×4와 −4의 수식이 반복해서 행해지고 있다.

∴ 2 (×4) 8 (−4) 4 (×4) 16 (−4) 12 (×4) 48 (−4) 44(×4)176

32 | ④

주어진 식은 &의 앞과 뒤의 수를 곱한 후 48에서 뺀 값이다. 따라서 마지막 식을 풀면 48−3×9=21이다.

33 | ③

알파벳을 순서대로 나열했을 때 처음 제시된 C부터 3의 배수로 증가하는 규칙을 가지고 있다. 빈칸에는 U이후부터 12번째 순서인 G이다.

C(3)−F(3+3×1=6)−L(6+3×2=12)−U(12+3×3=21)−G(21+3×4=33)

34 | ②

처음 문자에 10이 더해진 후 두 번째 문자부터 12가 더해지고 있다.

ㄱ(1)−ㅋ(11)−ㅈ(23)−ㅅ(35)−ㅁ(47)−ㄷ(59)

35 | ③

원의 나누어진 한 부분에 위치한 수의 합은 43이다. 따라서 19+12+x=43이므로 빈칸에 들어갈 수는 12이다.

36 | ④

주어진 도형의 삼각형은 시계방향으로 15°씩 회전하고 있고 마름모는 반시계 방향으로 개수가 증가하고 있다.

37 | ④

혼자 사는 사람 → 라면을 좋아함 → 국수를 좋아함 → 면 요리 즐겨 먹음

38 | ②

수학책은 맨 앞에 올 수 없고, 영어책도 사이에 있는 책이므로 맨 앞에 올 수 없다. 맨 앞에 올 수 있는 책은 국어와 사전인데, 보기 중에서 사전이 맨 앞에 온 것이 없으므로 국어가 맨 앞에 오고 영어가 수학과 사전 사이에 있으므로 국어 − 사전 − 영어 − 수학의 순서가 된다.

39 | ④

첫 번째와 두 번째 조건에 따르면 乙은 나주로 갈 것이다. 세 번째 조건에 따라 丙 역시 나주로 갈 것이다. 그러면 다섯 번째 조건에 따라 丁은 목포로 갈 것이다. 소거법에 의해 甲은 여수로 간다.

40 | ①

어떤 명제가 참이면 명제의 대우도 참이다. 즉, p→q의 대우명제는 ~q→~p이다. 따라서 "다이어트에 성공한 사람은 운동을 꾸준히 했다."라는 명제의 대우는 "운동을 꾸준히 하지 않으면 다이어트에 성공할 수 없다."가 된다.

41 | ①

망 명 소 원 해 성 − <u>e f a c h j</u>

42 | ②

장도리와 가위는 지레의 원리를 이용하여 작은 힘을 들여 큰 힘을 내게 할 때 사용한다.

43 | ①

관성은 물체에 가해지는 외부 힘의 합력이 0일 때 자신의 운동 상태를 지속하는 성질로 질량이 클수록 관성도 크다.

44 | ④

④ 액화 : 기체에서 액체로 상태 변화가 일어나는 물리적 과정 이다.

① 융해 : 고체에서 액체로 상태 변화가 일어나는 물리적 과정 으로, 북극의 빙하가 녹는 것 또는 양초의 촛농이 녹는 것 등이 있다.

② 응고 : 액체에서 고체로 상태 변화가 일어나는 물리적 과정 으로, 냉동실에서 물이 어는 것 또는 용암이 암석이 되는 것 등이 있다.

③ 기화 : 액체에서 기체로 상태 변화가 일어나는 물리적 과정 으로, 주전자 물이 끓는 것 또는 젖은 빨래가 마르는 것 등 이 있다.

45 | ①

식물의 녹색 잎은 광합성을 하고 기공을 통해 수증기를 배출하 고 기체를 교환한다.

1	④	2	①	3	③	4	①	5	②
6	③	7	③	8	④	9	③	10	④
11	④	12	④	13	③	14	①	15	③
16	④	17	④	18	④	19	②	20	①
21	②	22	④	23	④	24	③	25	①
26	④	27	④	28	①	29	③	30	②
31	②	32	②	33	①	34	①	35	①
36	②	37	①	38	②	39	①	40	②
41	③	42	④	43	③	44	③	45	③

1 | ④

돈재 … 때에 따라 사정과 형편을 보아 적절하게 대응하는 재능

④ 기지 : 경우에 따라 재치 있게 대응하는 지혜

① 경향 : 현상이나 사상, 행동 따위가 어떤 방향으로 기울어짐

② 운집 : 구름처럼 모인다는 뜻으로, 많은 사람이 모여듦을 이 르는 말

③ 진보 : 정도나 수준이 나아지거나 높아짐

2 | ①

② 뻐글뻐글 : 많은 양의 액체가 넓게 퍼지며 자꾸 끓거나 솟아 오르는 소리. 또는 그 모양

③ 애면글면 : 몹시 힘에 겨운 일을 이루려고 갖은 애를 쓰는 모양

④ 포갬포갬 : 물건 따위를 겹쳐 놓은 모양

3 | ③

① 오심하다.
② 나붓하다.
④ 교태롭다.

4 | ①

지다 … 물건을 짊어서 등에 얹다.
① 물건을 짊어서 등에 얹다.
② 해나 달이 서쪽으로 넘어가다.
③ 내기나 시합, 싸움 따위에서 재주나 힘을 겨루어 상대에게 꺾이다.
④ 어떤 현상이나 상태가 이루어지다.

5 | ②

② 설상가상 : 눈 위에 서리라는 뜻으로, 불행한 일이 연달아 일어남을 의미
① 낭중지추 : 주머니 속의 송곳이라는 뜻. 뛰어난 사람은 숨어 있어도 저절로 알려진다는 의미
③ 약방의 감초 : 어느 일에나 빠짐없는 사람. 또는 꼭 있어야 할 물건
④ 천의무봉 : 완전무결하여 흠이 없음

6 | ③

㉡ 동물들의 사소한 행동의 예 → ㉠ 동물들은 앞선 예의 행동으로 환경을 변형시킴 → ㉣ 이러한 동물들의 방식에 대한 통념 → ㉢ 기존 통념의 맹점

7 | ③

첫 번째 괄호는 바로 전 문장에 대해 전환하는 내용을 이어주어야 하므로, '그런데'가 적절하다. 두 번째 괄호는 바로 전 문장과 인과 관계에 있는 문장을 이어주므로 '그래서'가 적절하다.

8 | ④

④ 총의 제도는 회원국 간 정치 · 경제적 영향력의 차이를 보완하기 위해 도입된 제도이다.
① 첫 번째 문장을 통해 알 수 있다.
② 두 번째 단락에서 총의 제도로 인한 문제점과 더불어 해결 방안으로 모색되어진 방식을 제시하고 있다.
③ 총의 제도에 따르면 회원국이 의사 결정 회의에 불참하더라도 그 불참은 반대가 아닌 찬성으로 간주된다.

9 | ③

'슬픔의 나무'에 적혀있는 다른 사람들의 이야기를 알고 나면 자신이 살았던 삶이 가장 덜 슬프고 덜 고통스러웠음을 깨닫는다는 내용이므로, ③의 결론을 알 수 있다.

10 | ④

④ '수나 분량, 시간 따위를 본디보다 많아지게 하다'라는 뜻의 '늘리다'가 적절하게 쓰였다.
① '가능한'은 그 뒤에 명사 '한'을 수식하여 '가능한 조건하에서'라는 의미로 사용한다. '가능한 빨리'와 같이 부사가 이어지는 것은 적절하지 않다.
② '아니하다(않다)'는 앞 용언의 품사를 따라가므로 '효과적이지 않은'으로 적는다.
③ '~에/에게 뒤지다'와 같이 쓰는데, '그들'이 사람이므로 '그들에게'로 쓴다.

11 | ④

빈칸 뒤에 제시된 예시들은 현재의 생활 환경을 더욱 나은 환경으로 개선하기 위한 노력들에 해당한다.

12 | ④

고급문화와 대중문화의 경계가 무너지고 장르 간 구분이 모호해지면서 서로 다른 문화가 뒤섞여 새로운 문화가 생겨나고 있다고 언급하고 있다.

13 | ③

'이 뿐만 아니라'의 쓰임으로 볼 때 이 글의 앞부분에는 문화와 경제의 영역이 무너지고 있다는 내용이 언급되어야 한다. 따라서 (나) 뒤에 이어지는 것이 적절하다.

14 | ①

전체 경우의 수에서 4명 모두가 남자 또는 여자가 뽑히는 경우의 수를 빼면 된다.

$$\therefore {}_9C_4 - ({}_5C_4 + {}_4C_4) = \frac{9!}{5! \times 4!} - \left(\frac{5!}{4!} + \frac{4!}{4!}\right) = 120(가지)$$

15 | ③

백과사전의 무게를 $3a$, 국어사전의 무게를 $2a$라 하고, 처음 수레에 실려 있던 책의 개수를 b라 할 때, 백과사전을 옮긴 후 수레에 실린 책의 무게는

$3a(b-10) = 2ab + 10 \times 3a$이다.

양변에 a를 나눠주고 식을 정리하면 $b = 60(권)$이다.

16 | ④

소금물 A의 농도를 $a\%$, B의 농도를 $b\%$라 할 때,

원래 만들려던 소금물은 $\dfrac{a+3b}{100+300} \times 100 = 15\%$이고,

실수로 만든 소금물의 농도는 $\dfrac{3a+b}{300+100} \times 100 = 35\%$이다.

두 식을 정리하면 $\begin{cases} a+3b=60 \\ 3a+b=140 \end{cases}$ 이다.

$\therefore a = 45\%, b = 5\%$

17 | ④

A제품의 개수를 x, B제품의 개수를 y라고 하면

$x + y = 250$

$60x + 50y = 13,500$

$\therefore x = 100, y = 150$

18 | ③

직원의 수를 x라고 했을 때, 수식은 $5x + 2 = 6x - 6$으로 $x = 8$

$\therefore$ 8명

19 | ②

② 65세 이상 인구수는 크게 변동이 없는 데 비해, 65세 미만 인구수는 5만여 명에서 64만여 명으로 크게 증가한 것을 알 수 있다.

① 65세 미만 인구수 역시 매년 꾸준히 증가하였다.

③ 2020년과 2021년에는 전년보다 감소하였다.

④ 2020년 이후부터는 5% 미만 수준을 계속 유지하고 있다.

20 | ①

A국 15세 이상 인구는 26,340명으로 A국 실업자 수(421명)의 약 1.6%다.

21 | ②

② 연도별 농가당 평균 농가인구의 수는 비례식을 통하여 계산할 수 있으나, 성인이나 학생 등의 연령대별 구분은 제시되어 있지 않아 확인할 수 없다.

① 제시된 농가의 수에 대한 산술평균으로 계산할 수 있다.

③ 총인구의 수를 계산할 수 있으므로 그에 대한 남녀 농가인구 구성비도 확인할 수 있다.

④ 증감내역과 증감률 역시 해당 연도의 정확한 수치를 통하여 계산할 수 있다.

22 | ④

① 만족 비율과 불만족 비율이 동일하다.

② 효과성 항목에서 '약간 불만족'으로 응답한 전문가 수는 '매우 불만족'으로 응답한 정책대상자 수보다 적다.

③ 체감만족도 항목에서 만족 비율은 정책대상자가 31 %, 전문가가 30.3 %로 정책대상자가 전문가보다 높다.

23 | ④

㉠ 매우 만족하는 사람 : $294 \times 0.78 = 22.932$

㉡ 약간 만족하는 사람 : $294 \times 0.449 = 132.006$

∴ 155명

24 | ③

㉠ 2022년 말 엔화 대비 원화 환율 : $\dfrac{1,200.5}{120.01} ≒ 10$

㉡ 2023년 말 엔화 대비 원화 환율 : $\dfrac{1,198.5}{108.05} ≒ 11$

25 | ①

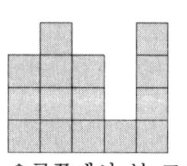

오른쪽에서 본 모습　　　정면 위에서 본 모습

26 | ④

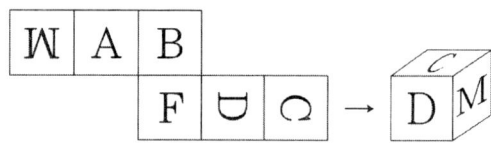

27 | ④

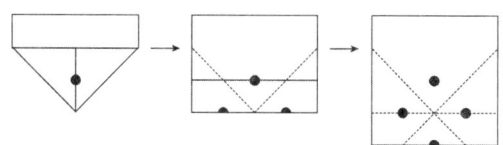

28 | ①

제시된 전개도에서 맞닿는 면을 표시하면 다음과 같다.

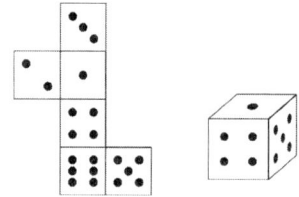

29 | ③

제시된 도형을 펼치면 ③이 나타난다.

30 | ②

일의 자리에 온 숫자를 그 항에 더한 값이 그 다음 항의 값이 된다.

$78 + 8 = 86$, $86 + 6 = 92$, $92 + 2 = 94$, $94 + 4 = 98$, $98 + 8 = 106$, $106 + 6 = 112$

31 | ②

제시된 수열은 첫 번째 수에서부터 ($\times 3$)과 ($+3$)이 반복해서 수행되고 있다. 따라서 빈칸은 $39 \times 3 = 117$이 된다.

32 | ②

첫 번째 수를 두 번째 수로 나눈 후 그 몫에 1을 더하고 있다.
$20 \div 10 + 1 = 3$, $30 \div 5 + 1 = 7$, $40 \div 5 + 1 = 9$

33 | ①

주어진 식을 @의 규칙은 @ 앞의 수에 뒤의 수를 나눈 값의 소수점 첫째 자리가 답이 되는 것이다. 따라서 마지막 식을 풀면 $(19@21)@15 = (19 \div 21 = 0.904... = 9)$, $9@15 = 6$이다.

34 | ①

한글의 자음을 순서대로 나열했을 때 처음 제시된 문자부터 순서대로 더해지는 규칙을 가지고 있다 즉, ㄱ($+2$)ㄷ($+3$)ㅂ($+4$)ㅊ($+5$)ㄱ($+6$)이므로 빈칸에는 ㅅ이 온다.

35 | ①

원의 나누어진 한 부분에 위치한 수의 곱은 2700이다. 따라서 $4 \times 9 \times x = 2700$이므로 빈칸에 들어갈 수는 75이다.

36 | ②

주어진 도형은 색칠된 도형은 시계 방향으로 돌아가며 색칠된 도형은 다음 순서에 개수가 하나씩 늘어나는 규칙을 가지고 있다. 마지막 도형에서 하트에 색칠이 되어있으므로 다음 도형에서는 하트는 1개 늘어나며 다음 순서인 사각형이 색칠되어야 한다.

37 | ①

돌고래는 무리지어 움직이는 동물이며 무리지어 움직이는 모든 동물은 공동 육아를 한다고 했으므로 ①은 항상 참이다.

38 | ②

주어진 명제에 따르면 고양이의 나이는 도롱이 > 율무 > 범이 > 설기 순이다.

39 | ①

혜경이가 민석이를 사랑하므로 은수는 영희를 좋아한다. 철수 또는 은수 둘 중에 한 사람만이 영희를 좋아하므로 철수는 영희를 좋아하지 않는다. 첫 번째 문장의 대우인, 철수가 영희를 좋아하지 않으면 민석이가 영희를 좋아한다. 따라서 영희를 좋아하는 사람은 민석이와 은수이다.

40 | ②

모든 철학자가 현명하다면 철학자인 어떤 가난뱅이는 현명하므로, 어떤 가난뱅이는 현명하다는 명제가 참이 된다.

41 | ③

먼저, 제시된 조건을 정리하면 다음과 같다.
a. 모두 일렬로 주차되어 있으며 지정주차다.
c. 7년차, 5년차, 3년차, 2년차, 1년차로 연차가 높을수록 지정번호는 낮다.

1	2	3	4	5
7년차	5년차	3년차	2년차	1년차

b. 차량의 색은 빨간색, 주황색, 노란색, 초록색, 파란색이다.
d. 지정번호가 가장 낮은 자리에 주차한 차량의 색은 주황색이다.
e. 노란색 차량과 빨간색 차량의 사이에는 초록색 차량이 주차되어 있다.
h. 2년차 차량 색상은 빨간색이다.

1	2	3	4	5
7년차	5년차	3년차	2년차	1년차
주황색	노란색	초록색	빨간색	

f. 乙의 차량 색상은 초록색이다.

g. 1이 아닌 맨 뒷자리에 주차한 사람은 丙이다.

i. 戊의 차량은 甲의 옆자리에 주차되어 있다.

1	2	3	4	5
7년차	5년차	3년차	2년차	1년차
주황색	노란색	초록색	빨간색	
甲 or 戊	甲 or 戊	乙		丙

戊의 차량과 甲의 차량이 옆자리여야 하므로 7년차와 5년차이다. 이를 조합하여 다시 표로 정리하면 다음과 같다.

1	2	3	4	5
7년차	5년차	3년차	2년차	1년차
주황색	노란색	초록색	빨간색	파란색
甲 or 戊	甲 or 戊	乙	丁	丙

③ 2년차 차량의 색은 빨간색이다. (O)

① 甲은 7년차 또는 5년차이므로 항상 참은 아니다.

② 戊의 차량은 주황색 차량 또는 노란색 차량이므로 항상 참은 아니다.

④ 乙은 3년차로, 乙보다 연차가 높은 사람은 7년차, 5년차 두 명이다.

42 | ④

조건 a, b, c에 따라 갑과 을은 TOEIC 시험을 준비하지 않으며 을은 HSK4를 준비하지 않으므로 을은 정보처리기사 자격증을 준비하고 있단 사실을 알 수 있다. 조건 d에 따라 병은 TOEIC 시험을 준비하고 있으며, 갑은 조건 b, c에 따라 HSK4를 준비하고 있단 사실을 알 수 있다.

43 | ③

- 압력이 일정할 때, 기체의 부피는 온도가 높아지면 증가하고, 온도가 낮아지면 감소한다.
- 온도가 일정할 때, 기체의 부피는 압력이 증가하면 감소하고, 압력이 감소하면 증가한다.

44 | ③

① 속력과 방향이 모두 변하는 운동
② 방향이 변하는 운동
④ 속력이 변하는 운동

45 | ③

님프 대파 양말 골프 양산 바다
양산 양파 야구 오판 피자 피망
의자 양심 양파 오류 쪽파 피서
요양 부추 앙탈 푸름 양파 피망
피자 요정 운동 앙망 양기 정양
두릅 오심 양파 유류 서리 단청

1	①	2	②	3	③	4	①	5	④
6	②	7	①	8	③	9	②	10	①
11	①	12	②	13	②	14	③	15	④
16	④	17	②	18	②	19	④	20	①
21	④	22	④	23	④	24	①	25	②
26	③	27	①	28	④	29	④	30	③
31	①	32	④	33	③	34	②	35	①
36	③	37	④	38	③	39	①	40	②
41	③	42	④	43	①	44	③	45	③

1 | ①

수탁 … 다른 사람의 의뢰나 부탁을 받음. 또는 그런 일
① 위탁 : 남에게 사물이나 사람의 책임을 맡김
② 결탁 : 마음을 결합하여 서로 의탁함
③ 유탁 : 죽은 사람이 남긴 부탁
④ 연탁 : 연단에 놓는 책상

2 | ②

자가당착 … 말이나 행동이 앞뒤가 안 맞고 모순됨
② 모순 : 사실의 앞뒤 또는 두 사실이 이치상 어긋나서 맞지
않음
① 당위 : 당연히 그렇게 하거나 그렇게 되어야 하는 것
③ 경전하사 : 고래 싸움에 새우 등 터진다는 뜻
④ 당랑거철 : 사마귀가 수레를 멈추려 한다는 뜻. 자신의 힘을
생각하지 않고 되지 않을 일에 무모하게 덤빔

3 | ③

계란유골(鷄卵有骨) … '달걀에도 뼈가 있다'는 뜻으로 운수가 나
쁜 사람은 모처럼 좋은 기회를 만나도 일이 뒤틀리고 잘 풀리
지 않음을 이르는 말이다.
③ 아무리 위급한 때라도 체면을 유지하려고 노력하는 것을 이
르는 말이다.
①②④ 일이 공교롭게 뒤틀어짐을 비유적으로 이르는 말이다.

4 | ①

① 직업, 자격증 따위를 소유하다(예 : 국적을 가지다).
②③④ 손이나 몸 따위에 있게 하다(예 : 손에 가진 게 뭐야?).

5 | ④

① 설겆이 → 설거지
② 몇 일 → 며칠
③ 바램 → 바람

6 | ②

'메시지'가 맞다.

7 | ①

집단 사이의 관계에서 도덕적이며 윤리적인 조정이 불가능한 것은 아니다. (역접 : 그러나) 실제 집단 사이에서는 윤리적인 조정이 불가능 하다. (순접 : 따라서) 집단 사이의 관계는 윤리적이기보다 정치적이다. (부연 : 즉) 집단 사이의 관계는 각 집단이 지닌 힘의 비율에 의해서 수립된다.

8 | ③

'어떤 사회에 새로운 사상이나 문화를 뿌리박게 하다'의 뜻으로 사용되었다.

9 | ②

눈사람, 장갑, 붕어빵을 통해 '겨울'을 연상할 수 있다.

10 | ①

첨성대, 천마총, 월지를 통해 '경주'를 유추할 수 있다.

11 | ①

앞 문장에서 스마트폰에 빠져있는 현상은 학생들의 삶에 도움이 되지 않는다고 하였으므로 뒷내용은 그것에 대한 설명, 문제점 제시가 나온다.

12 | ②

제시된 지문은 독서는 자전거 타기와 비슷해서 주체가 적극적으로 개입하여야 한다는 결론을 내는 방식으로 서술하고 있다.
① 분석
② 유추
③ 대조
④ 분류

13 | ②

ⓒ의 앞 문장은 ⓒ의 카페인의 부작용을 서술하기 위한 도입부로, ⓒ 다음으로는 ⓒ에서 언급된 GABA에 대한 설명이 이어진다. 그러므로 ⓒ이 가장 적절하다.

14 | ②

추위, 서리, 추운 겨울은 모두 부정적이며 사군자가 견뎌 이기는 것을 상징한다.

15 | ④

(나) 각염법의 정의 → (라) 각염법 실시와 관련된 기록 → (가) 각염법의 시행1 → (다) 각염법의 시행2

16 | ④

$16,000 + 2,000x > 21,500 + 1,500x$
$500x > 5,500$
$x > 11$
따라서 12개월째부터 누나의 잔액이 동생의 잔액보다 많아진다.

17 | ②

섞은 소금물의 양 $= 250 - 150 = 100(g)$
섞은 소금물의 농도를 x 라고 하면,
$$\frac{6}{100} \times 150 + \frac{x}{100} \times 100 = \frac{8}{100} \times 250$$
$x = 20 - 9 = 11(\%)$

18 | ②

주사위에서 2가 나올 확률은 $\frac{1}{6}$, 5가 나올 확률은 $\frac{1}{6}$
$\therefore$ 2나 5가 나올 확률 $= \frac{1}{6} + \frac{1}{6} = \frac{1}{3}$

19 | ④

볼펜 x자루, 수성 사인펜을 y자루 샀다고 하면,

$x + y = 20$

$500x + 300y = 9,000$

$\therefore \ x = 15$

20 | ①

제시된 수열은 $\times 3$과 $\div 2$가 반복되고 있다.

$\therefore 54 \div 2 = 27 \times 3 = 81$

21 | ④

1회 응시 인원

$\dfrac{605}{x} \times 100 = 43.1 \rightarrow 43.1x = 60,500$(명)

$\therefore \ x = 1,403$

3회 합격률

$\dfrac{540}{852} \times 100 = 63.4(\%)$

22 | ④

$\dfrac{x}{1,422} \times 100 = 34$

$100x = 48,348$

$\therefore \ x = 483$(명)

23 | ④

$\dfrac{132}{400} \times 100 = 33(\%)$

24 | ③

A에 대해 응답한 사람 중 '상'을 준 사람의 비율

$\dfrac{34}{34 + 38 + 50} \times 100 \fallingdotseq 27.9(\%)$

B에 대해 응답한 사람 중 '중'을 준 사람의 비율

$\dfrac{11}{73 + 11 + 58} \fallingdotseq 7.7(\%)$

$\therefore \ 27.9 + 7.7 = 35.6(\%)$

25 | ③

$\dfrac{10}{21 + 15 + 14 + 10 + 8 + 5} \times 100 \fallingdotseq 13.7(\%)$

26 | ③

① 원의 위치가 다름

② 곡선의 위치가 다름

④ 곡선이 굽은 방향이 다름

27 | ①

②
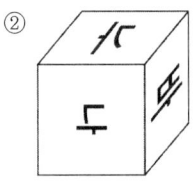

③
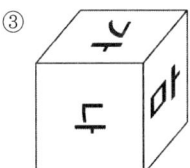

④
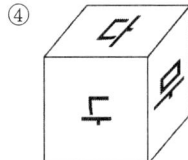

28 | ④

① 위에서 내려다 봤을 때의 단면
② 오른쪽으로 회전했을 때의 단면
③ 왼쪽으로 회전했을 때의 단면

29 | ④

제시된 두 도형의 블록 합은 11개이나 ④의 블록은 10개로 두 도형으로 나올 수 없다.

30 | ③

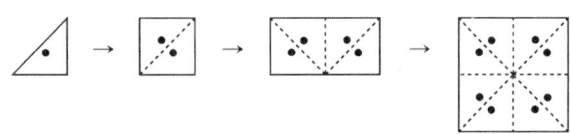

31 | ①

각골난망(刻骨難忘) … 받은 은혜가 뼈에 새겨져서 잊히지 않음
결초보은(結草報恩) … 죽은 뒤에도 은혜를 잊지 않고 갚음
갑남을녀(甲男乙女) … 평범한 사람들을 이름
① 장삼이사(張三李四) : 이름이나 신분이 특별하지 않은 보통 사람을 이름
② 남부여대(男負女戴) : 남자는 지고 여자는 인다는 뜻으로, 가난한 사람들이 살 곳을 찾아 떠돌아 다님을 이름
③ 부창부수(夫唱婦隨) : 남편이 주장하고 아내가 잘 따름
④ 천고마비(天高馬肥) : 하늘은 높고 말은 살찐다는 뜻. 가을을 이름

32 | ④

①②③보기가 한 가지 주제로 대등관계의 단어들이 나열한 반면, ④는 상위어인 물고기가 제시되고 그 하위어인 넙치, 숭어가 제시되어있다.

33 | ③

밤을 새워 공부하면 성적이 오르고, 30분 휴식하면 효율이 오른다고 했으므로, 한철이는 시험 점수가 대폭 올랐을 것이라는 진술이 결론으로 적절하다.

34 | ②

A와 B 무게의 합은 C의 무게보다 가볍다는 것은 A와 B의 무게가 C보다 가볍다는 것을 의미하고 D는 C보다 무거우므로 넷 중 D가 제일 무겁다는 결론이 참이 된다.

35 | ①

첫 번째 조건에 따르면 丙대리는 가장 오른쪽에 앉아있으며, 세네 번째 조건에 따르면 甲대리는 丁주임 바로 오른쪽에, 丁주임은 丙대리와 가장 멀리 떨어져 있으므로 각각 끝자리에 있다는 것을 알 수 있다.

丁주임	甲대리	?	?	?	丙대리

두 번째 조건을 통해 부장은 차장과 같이 앉아 있어야 하며 마지막 조건에 따라 乙대리는 차장의 오른쪽에 있어야 하므로 '丁주임 → 甲대리 → 부장 → 차장 → 乙대리 → 丙대리' 순으로 앉아 있다. 그러므로, 부장의 바로 왼쪽에는 甲대리가 와야 한다.

36 | ③

지문에 따르면 주원은 하늘색 우산을 쓰지 않았고, 경유가 노란색 우산을 썼다고 했으므로 주원은 검은색 우산을 썼다. 또 경유는 접이식 우산을 쓰지 않았고 노란색 우산을 썼는데 양우산은 노란색이 아니므로 경유는 장우산을 썼다. 하연은 접이식 우산을 쓰지 않았으므로 양우산을 썼다.
∴ 주원 – 검은색 접이식 우산, 하연 – 하늘색 양우산, 경유 – 하얀색 장우산

37 | ④

제시된 수열의 규칙은 세 번째 항부터 '(전 전항×전항)−전항'이다.
숫자를 대입해보면 다음과 같다.
$\underline{3} = (2 \times 3) - 3$, $\underline{6} = (3 \times 3) - 3$, $\underline{12} = (3 \times 6) - 6$,
$\underline{60} = (6 \times 12) - 12$
∴ ( ) $= (12 \times 60) - 60 = 660$

38 ③

제시된 수열의 규칙은 각 항 바로 앞 분수의
$\dfrac{분모 - 분자}{분모 + 분자}$ 이다.

∴ $\dfrac{44 - 16}{44 + 16} = \dfrac{28}{60}$

39 | ①

제시된 수열은 첫 항부터 ×6과 ÷2가 반복 수행되는 규칙을
가지고 있다. 나누기 2를 할 차례이므로 ( )는 27이다.

40 | ②

제시된 수열은 2^n을 각 항에 더해가는 규칙을 가지고 있다.
$\underline{3} \ (+2^1) \ \underline{5} \ (+2^2) \ \underline{9} \ (+2^3) \ \underline{17} \ (+2^4) \ \underline{33} \ (+2^5) \ \underline{65}$
∴ ( ) $= 65 + 2^6 = 129$

41 | ③

MNNMNMXMNX − MNNMNMX<u>N</u>NX

42 | ①

=왼쪽을 보면 첫 번째와 세 번째, 두 번째와 네 번째 기호의
자리가 바뀐 것을 알 수 있다. 따라서 비례식이 성립하기 위해
서는 괄호 안에 ♧♣◆◇이 들어가야 한다.

43 | ①

두 힘이 반대 방향으로 작용하므로 합력의 크기는 큰 힘에서
작은 힘의 크기를 뺀 값이 되고 방향은 큰 힘과 같은 방향이
된다.

44 | ③

③ 부력에 의해 물이 쏟아지지 않는다.
① 기차의 속력이 감소할 때 운동 방향과 가속도 방향이 반대
  임을 나타내는 예시이다.
② 작용 반작용 법칙에 의해 물도 수영선수를 앞으로 미는 힘
  이 작용하는 가속도 운동의 예시이다.
④ 속력과 운동 방향이 일정한 등속직선운동에 대한 예시이다.

45 | ③

① 프리즘을 통과하는 햇빛 − 분산
② 아지랑이 − 굴절
④ 물 속의 빨대가 꺾여 보임 − 굴절

제4회 정답 및 해설

1	④	2	③	3	③	4	①	5	①
6	①	7	①	8	②	9	③	10	④
11	①	12	①	13	②	14	③	15	④
16	④	17	③	18	②	19	④	20	①
21	①	22	③	23	②	24	③	25	②
26	①	27	④	28	③	29	④	30	④
31	②	32	②	33	③	34	④	35	①
36	①	37	②	38	③	39	④	40	②
41	①	42	④	43	③	44	④	45	③

1 | ④

휴지하다 … 하던 것을 멈추고 쉬다. 또는 손에 들거나 몸에 지니고 다니다.
④ 중지하다 : 하던 일을 중도에서 그만두다.
② 발생하다 : 어떤 일이나 사물이 생겨나다.
③ 시작하다 : 어떤 일이나 행동의 처음 단계를 이루거나 그렇게 하게 하다.
④ 비롯하다 : 처음 시작하다. 또는 어떤 사물이 처음 생기거나 시작하다.

2 | ③

'호젓하다'는 '후미져서 무서움을 느낄 만큼 고요하다'의 뜻으로 '번거롭다, 복잡하다, 시끄럽다'와 반대의 의미를 가진다.

3 | ③

㉠ 조각내다 – 단단한 물건을 쳐서 조각이 나게 하다.
㉡ 부화하다 – 알로 품었던 새끼가 껍데기를 깨고 나오다.
㉢ 정신을 차리다 – 술기운 따위가 사라지고 온전한 정신 상태로 돌아오다.
㉣ 벗어나다 – 잠, 꿈 따위에서 벗어나다. 또는 벗어나게 하다.

4 | ①

① 어떤 기준이나 정도에 어긋나지 아니하게 하다'의 뜻일 때 '맞추다'를 사용한다. 따라서 '심사 기준에 맞춰 합격했다.'는 '심사 기준에 맞춰 작성했다.'가 적절한 사용이다.
② '열이나 차례 따위에 똑바르게 하다'의 뜻으로 사용되었다.
③ '문제에 대한 답을 틀리지 않게 하다'의 뜻으로 사용되었다.
④ '다른 사람의 의도나 의향 따위에 맞게 행동하다'의 뜻으로 사용되었다.

5 | ①

불면→불으면

6 | ①

① 지위나 신분 또는 자격을 나타낼 때 쓰는 격 조사 '로서'는 받침이 없는 체언이나 'ㄹ' 받침으로 끝나는 체언 뒤에 붙는다.
②③ '-ㄹ지'는 어미이므로 어간 뒤에 붙여 적는다. 단, 의존 명사로 사용될 경우 앞말과 띄어 쓴다. → 할지 안 할지, 올지 안 올지
④ 앞말과 비슷한 정도나 한도임을 나타내는 격 조사로 사용될 때는 체언의 바로 뒤에 붙는다. → 미세먼지는 안 보일만큼 작다.

7 | ①

② 샌달 → 샌들
③ 샹들리에 → 샹들리에
④ 쥬스 → 주스

18

8 | ②

㉠의 앞에서는 연꽃과 수련의 비슷함을 말하고, 뒤에서는 그 둘의 구분법을 묻고 있다. 따라서 ㉠에는 전환의 접속어인 '그러면'이 들어가는 것이 적절하다. ㉡의 앞은 수련이라는 이름이 붙은 이유를, 뒤에서는 수련이라는 이름이 붙었음을 설명하고 있다. 그러므로 인과의 접속어인 '그래서'가 들어가는 것이 자연스럽다.

9 | ③

바로 다음 문장에서 "기업 경영에 필요한 적절한 정보를 얼마나 정확히, 그리고 신속하게 입수하느냐가 기업 성공의 관건"이라고 언급하고 있으므로 빈칸에 들어갈 내용으로는 ③이 가장 적절하다.

10 | ④

㉣ 각필구결의 정의 → ㉢ 구결의 용도와 읽는 방법 → ㉤ 구결 연구의 역사 → ㉡ 주로 통일신라~고려 전기 유물에 집중된 각필구결 문헌의 실물 → ㉮ 연원이 상당히 앞선 것으로 추정되는 각필구결

11 | ①

① 눈 : 고난과 시련, 암담한 현실(일제 강점기)을 의미한다.
② 매화 : 절망적인 상황 속에서도 굴하지 않는 고고한 의지와 지조를 의미한다.
③ 씨 : 생명의 근원을 의미하여 부정적인 상황에서도 생명의 씨앗을 뿌리고자 하는 태도를 나타낸다.
④ 초인 : 희망을 나타내는 위대한 존재를 의미한다.

12 | ①

사람들이 교환 활동을 자발적으로 하고 있다고 제시되어 있다.

13 | ②

㉮ 가야고분의 정의 → ㉯ 가야국의 정의와 역사 → ㉰ 가야고분들이 여러 곳에 분산된 이유 → ㉱ 대표적인 가야고분들 → ㉲ 호남 동부 지역에서도 조사되고 있는 가야고분들

14 | ③

인습은 전통과 달리 현재 문화 창조에 이바지 할 수 없으므로, 전통은 인습과 구별되어야 한다는 것이 글의 중심 내용이다.

15 | ④

편익을 얻게 된다는 내용 뒤에 현재 비용을 지불하려 하지 않는다는 내용이 이어지므로 '그러나', 세금부담이 커질 수 있기 때문에 국가가 나선다는 내용이므로 '그래서'가 적절하다.

16 | ④

물을 증발시킨 후에도 소금의 양은 같으므로 15%의 소금물의 양을 xg이라 하면,

$$x \times \frac{15}{100} = (x - 40) \times \frac{25}{100}, \ x = 100(g)$$이다.

더 넣은 소금의 양을 yg이라 하면,

$$60 \times \frac{25}{100} + y = (60 + y) \times \frac{70}{100}, \ y = 90(g)$$

17 | ③

㉠ 甲 : 120분 − 30건 → 1분 − 0.25건
3시간 = 180분. 0.25 × 180 = 45(건)
∴ 乙이 처리해야 하는 양은 25건이다.
㉡ 乙 : 150분 − 30건 → 1분 − 0.2건
∴ 25 ÷ 0.2 = 125(분). 즉, 2시간 05분이다.

18 | ②

$82 \times 7 + 15 = 589$

589를 33으로 나누면 몫이 17이 되고, 나머지가 28이 된다.

19 | ④

정가를 x원이라 하면,

판매가 $= x - x \times \dfrac{50}{100} = x\left(1 - \dfrac{50}{100}\right) = 0.5x$ (원)

이익 $= 500 \times \dfrac{5}{100} = 25$ (원)

따라서 식을 세우면 $0.5x - 500 = 25$, $x = 1,050$ (원)

정가는 1050원이므로 원가에 $y\%$의 이익을 붙인다고 하면

$500 + 500 \times \dfrac{y}{100} = 1,050$, $y = 110(\%)$

따라서 110%의 이익을 붙여 정가를 정해야 한다.

20 | ①

십의 자리 수를 x라 하면

$2(10x + 8) + 26 = 80 + x$

$19x = 38$

$x = 2$

따라서 자연수는 28이다.

21 | ①

㉠ 남성 회원의 20대 비율 : $\dfrac{27}{120} \times 100 = 22.5(\%)$

㉡ 남성 회원의 30대 비율 : $\dfrac{33}{120} \times 100 = 27.5(\%)$

∴ 20~39세 비율 $= 50(\%)$

22 | ④

학과별 참가율은 $\dfrac{\text{참가인원}}{\text{전체참가인원}} \times 100$으로

경영 : $\dfrac{37}{120} \times 100 ≒ 30.8(\%)$

영문 : $\dfrac{24}{120} \times 100 = 20(\%)$

심리 : $\dfrac{18}{120} \times 100 = 15(\%)$

철학 : $\dfrac{13}{120} \times 100 ≒ 10.8(\%)$

정치 : $\dfrac{28}{120} \times 100 ≒ 23.3(\%)$

따라서 두 번째로 높은 학과는 정치학과이다.

23 | ②

참여 인원의 증가율은

$\dfrac{\text{올해 참여인원} - \text{작년참여인원}}{\text{작년 참여인원}} \times 100$으로

경영 : $\dfrac{47 - 37}{37} \times 100 ≒ 27.0(\%)$

영문 : $\dfrac{32 - 24}{24} \times 100 ≒ 33.3(\%)$

심리 : $\dfrac{29 - 18}{18} \times 100 ≒ 61.1(\%)$

철학 : $\dfrac{20 - 13}{13} \times 100 ≒ 53.8(\%)$

정치 : $\dfrac{42 - 28}{28} \times 100 = 50(\%)$

따라서 전년대비 증가율이 가장 높은 학과는 심리학과이다.

24 | ③

산업용 도로의 1km당 건설비 $= \dfrac{300}{55} ≒ 5.5$ (억)

따라서 10km 건설비 $= 5.5 \times 10 = 55$ (억)

25 | ②

관광용 도로의 1km당 건설비가 1억이므로 총길이는 30km인 것을 알 수 있다.

따라서 산업관광용 도로의 총 길이는 283−30−55=198km

산업관광용 도로의 1km당 건설비=$\frac{400}{198}$≒2(억)

따라서 8km 건설비=2×8=16(억)

26 | ①

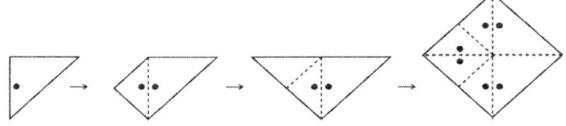

27 | ④

전개도의 맞닿는 면을 표시하면 다음과 같다.

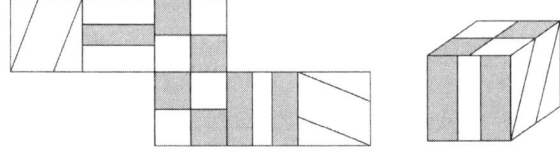

28 | ③

맨 윗줄 : 1개
두 번째 줄 : 4개
세 번째 줄 : 6개
맨 아래 줄 : 13개

29 | ④

직사각형은 나올 수 없다.

30 | ④

네 개의 단면이 일치하는 도형은 ④이다.

31 | ②

보기 중에서 맛있다는 결론을 이끌어 낼 수 있는 선지는 하얀 계란 또는 싱싱한 계란이다. 그런데 전제 1에서 '현보네 농장 계란은 항상 싱싱하다.'고 했으므로, 답은 ②이 된다.

32 | ②

두 번째 조건에 따라 도하는 경원의 짝이 될 수 없다. 세 번째 조건에 따라 유리와 민지도 경원의 짝이 될 수 없다. 다섯 번째 조건에 따르면 수영은 유리의 뒷자리에 앉아 있으므로, 가장 앞에 앉아 있는 경원의 짝이 될 수 없다. 따라서 경원의 짝은 보현이다.

경원	보현
유리	민지
수영	도하

33 | ③

산수유, 매화, 목련, 개나리, 진달래, 벚꽃 순서대로 개화하는데, 개나리가 피었으므로 앞으로 벚꽃이 개화할 것이다.

34 | ④

'김치찌개 또는 된장찌개'라고 했으므로 '김치찌개를 좋아한다. − 된장찌개를 좋아하지 않는다'고 해야 적절하다.

35 | ①

내용에 따라 판매량 순으로 나열하면 다음과 같다.

수박주스 - 딸기주스/토마토주스 - 키위주스

36 | ①

해당 수열은 몇 항씩 묶어서 나눈 수열이다.

(1) (1 2) (1 2 4) (1 2 4 8) (1 2 <u>4</u> 8 10)

37 | ②

해당 수열은 세 개항씩 끊어서 보면 된다.

$(1 \times 3 = 3)$ $(2 \times 3 = \underline{6})$ $(3 \times 3 = 9)$ $(4 \times 3 = 12)$ $(5 \times 3 = 15)$

38 | ③

앞 뒤 숫자의 차가 2씩 늘어나고 있다.

1 (+2) 3 (+4) 7 (+6) 13 (+8) 21 (+10) 31 (+12) 43 (+14) <u>57</u> (+16) 73 (+18) 91

39 | ④

바로 전 항에 $\times 2 + 1$을 하고 있다.

따라서 $511 \times 2 + 1 = \underline{1023}$이다.

40 | ②

가운데 ◆을 기준으로 대칭되는 값의 합이 100이다. 따라서 $100 - 69 = \underline{31}$이 된다.

41 | ①

첫 번째 행은 상하 대칭, 두 번째 행은 상하 대칭·색상 반전, 세 번재 행은 색상 반전이 되고 있다.

42 | ④

두 물체의 접촉면 사이에서 물체의 미끄러짐을 방해하는 힘인 마찰력과 관련이 있다.

43 | ③

밀도 차이를 이용한 혼합물의 분리 … 밀도가 다른 두 고체가 섞여 있는 경우에는 중간 정도의 밀도를 가지면서 두 성분이 용해되지 않는 액체 속에 넣어 분리한다.

㉠ 볍씨 고르기 : 소금물 속에 볍씨를 넣으면 좋은 볍씨는 가라앉고 쭉정이는 물 위에 뜨므로 분리할 수 있다.

㉡ 쌀 씻기 : 불순물이 섞여 있는 쌀을 물속에 넣으면 겨와 검부러기는 물위에 뜨고 돌이나 흙과 쌀은 가라앉는데 이는 조리를 이용하면 돌이나 흙을 분리할 수 있다.

㉢ 사금 채취 : 모래와 금이 섞여 있는 혼합물을 흐르는 물에 흘려보내면 밀도가 작은 모래는 씻겨 나가고 밀도가 큰 금은 가라앉으므로 금을 분리해 낼 수 있다.

㉣ 신선한 달걀 고르기 : 오래된 달걀일수록 내부에 공기집이 커져서 밀도가 작아지므로, 적당한 농도(약 10%정도)의 소금물에 넣으면 신선한 달걀은 가라앉고, 오래된 달걀은 떠올라 분리된다.

㉤ 모래와 톱밥 혼합물의 분리 : 물에 넣으면 물보다 밀도가 큰 모래는 가라앉고, 물보다 밀도가 작은 톱밥은 물 위에 뜨게 되어 쉽게 분리할 수 있다.

㉥ 키를 이용하여 곡식의 불순물 제거 : 키에 곡식을 담고 까부르면 밀도가 작은 쭉정이나 검부러기는 바람에 날아가고 밀도가 큰 흙이나 돌은 키 안쪽에 남아 곡물과 분리된다.

44 | ④

광합성은 녹색식물이나 그 밖의 생물이 빛 에너지를 이용해 이산화탄소와 물로부터 유기물을 합성하는 작용을 한다.

45 | ③

수력 발전은 높은 곳의 물을 낮은 곳으로 보내어 그 물의 힘으로 수차를 돌려 그것을 동력으로 수차에 연결된 발전기를 회전시켜 전기를 발생시키는 것으로, 물이 가진 운동 에너지를 기계 에너지로 변환시킨 후 에너지를 얻는다.

1	②	2	④	3	①	4	②	5	③
6	③	7	④	8	④	9	④	10	①
11	④	12	①	13	③	14	③	15	③
16	①	17	③	18	①	19	①	20	③
21	④	22	③	23	③	24	④	25	②
26	①	27	①	28	④	29	①	30	③
31	③	32	④	33	②	34	②	35	③
36	③	37	①	38	④	39	②	40	①
41	②	42	③	43	②	44	②	45	③

1 | ②

우통하다 … 재빠르지 못하고 둔하다.
② 굼뜨다 : 동작, 진행 과정 따위가 답답할 만큼 매우 느리다.
① 원통하다 : 분하고 억울하다.
③ 우롱하다 : 사람을 어리석게 보고 함부로 대하거나 웃음거리로 만들다.
④ 멋쩍다 : 어색하고 쑥스럽다.

2 | ④

④ 한 단어의 의미가 다른 단어의 역할이 되는 주체-행위관계다.
①②③ 의미가 거의 같거나 비슷한 단어 간의 관계인 유의관계다.

3 | ①

㉠ 푸짐하다 - 음식 따위가 가짓수가 많고 푸짐하다
㉡ 진하다 - 액체 따위가 내용물이 많고 진하다.
㉢ 기름지다 - 흙이나 거름 따위가 기름지고 양분이 많다.
㉣ 매달다 - 벽이나 못 따위에 어떤 물체를 떨어지지 않도록 매달아 올려놓다.

4 | ②

① 가리키는 → 가르치는
③ 오랫만에 → 오랜만에
④ 비로서 → 비로소

5 | ③

① 섭섭치 → 섭섭지
② 베갯닛 → 베갯잇
④ 곰곰히 → 곰곰이

6 | ③

하루동안 → 하루 동안

7 | ④

첫 번째 괄호는 앞의 내용과 뒤의 내용이 상반되기 때문에 '그러나'가 들어가야 하고 두 번째 괄호는 내용을 전환하여 장서각의 실록은 어떻게 되었는지를 설명하고 있으므로 '한편'이 적절하다.

8 | ④

① '친구는 나를 좋아하는 것보다 드라마를 더 좋아한다' 또는 '내가 드라마를 좋아하는 것보다 더 드라마를 좋아한다'로 해석될 수 있다.
② '모임 사람들이 모두 오지 않았다' 또는 '모임 사람들이 아무도 오지 않았다'라고 해석될 수 있다.
③ '용감한 나' 또는 '나의 용감한 대장'으로 해석될 수 있다.

9 | ④

카운슬링 → 카운슬링

10 | ①

슬로비치 모델은 언론의 보도가 확대 재생산되는 과정에 대한 이론이고, 빈칸 이후의 '이로 말미암은 부정적 영향 …'을 볼 때, 빈칸에 들어갈 문장은 ①이 가장 적절하다.

11 | ④

빈칸의 접속사 '하지만'을 통해 앞의 내용에 상반되는 내용이 나올 것을 알 수 있다. 따라서 민주주의 국가의 부정적인 모습에 대한 내용인 ④가 가장 적절하다.

12 | ①

㈐ 가계 조사의 정의 → ㈑ 가계조사의 용도 → ㈎ 우리나라 최초의 가계 조사 → ㈒ 1954년~1959년까지의 우리나라 가계 조사 → ㈓ 1960년 이후의 우리나라 가계 조사

13 | ③

이미 글에서 국민건강증진법에 허용된 장소에 설치되어 있다고 이야기 했으므로, '… 설치를 해야 한다'는 적절하지 않다.

14 | ③

㉡에서 눈에 관한 언어를 생각해보자고 했고, ㉢에서 '또'라는 접속사와 함께, 눈에 관한 표현 외에 다른 미묘한 차이가 구분되는 언어를 설명하고 있으므로 그 사이에 들어가는 것이 적절하다.

15 | ③

깨진 유리창(작은 것)이 도난, 파괴 등(큰 범죄)으로 이어질 수 있다는 내용이므로 ③이 가장 적절한 설명이다.

16 | ①

$10\dfrac{2}{18}$ 시간을 $3\dfrac{1}{6}$ 시간으로 나누면,

$$10\dfrac{2}{18} \div 3\dfrac{1}{6} = \dfrac{182}{18} \times \dfrac{6}{19} = 3.19298$$

$\therefore$ 3개

17 | ③

하루가 가진 소금물의 양 $= 500 - 300 = 200(\text{g})$

하루가 가진 소금물의 농도 x는,

$$\dfrac{7}{100} \times 300 + \dfrac{x}{100} \times 200 = \dfrac{9}{100} \times 500$$

$200x = 2400, \therefore x = 12(\%)$

18 | ①

배의 속력 $= x$, 강물의 속력 $= y$

$5(x-y) = 20 \cdots ㉠$

$4(x+y) = 20 \cdots ㉡$

㉡의 식에서 $x = 5 - y$를 ㉠에 대입하면, $y = 0.5(\text{km/h})$

19 | ①

두 개의 주사위를 각각 a, b라고 할 때 합이 4보다 작거나 같을 확률은 다음과 같다.

㉠ $a+b=2$일 확률 : $\dfrac{1}{36}$

㉡ $a+b=3$일 확률 : $\dfrac{2}{36}$

• $a = 1$, $b = 2$

• $a = 2$, $b = 1$

㉢ $a+b=4$일 확률 : $\dfrac{3}{36}$

• $a = 1$, $b = 3$

• $a = 2$, $b = 2$

• $a = 1$, $b = 1$

$\therefore \dfrac{1+2+3}{36} = \dfrac{6}{36} = \dfrac{1}{6}$

20 | ③

㉠ 첫째와 둘째의 비율=2:1
- 첫째 금액 : $2x$
- 둘째 금액 : x

㉡ 둘째와 셋째의 비율=8:6
- 둘째 금액 : $8y$
- 셋째 금액 : $6y$

㉢ 보기에서 비율이 중복되며 금액이 동일한 둘째를 기준으로 식을 세우면 $x=8y$이다.

㉣ 세 명에게 대입했을 때
- 첫째 : $2x=2(8y)=10$
- 둘째 : $x=8y$
- 셋째 : $6y$

㉤ 세 명이 받는 용돈의 비율은 $16:8:6$이므로 셋째는 30만 원의 $\dfrac{6}{30}$을 받는다.

∴ 6만 원

21 | ④

㉠ 누나의 나이$=x$, 엄마의 나이$=y$

㉡ $2(9+x)=y, 3(x+5)=y+5$

㉢ $3x+15=18+2x+5$

∴ 8(세)

22 | ③

2020년 12월 생산 대수가 가장 많은 공장은 C공장이고, 재고 수가 가장 많은 공장은 A공장이다.

23 | ③

ⓐ$=584-371=213$

ⓑ$=347+254=601$

떡볶이 8월$=393-218=175$

ⓒ$=838-371-175-254=38$

ⓓ$=213+218+347+159=937$

24 | ④

① 2023년에는 전년대비 감소하였다.

②③ 2020년 : $(46,573/61,472)\times100\fallingdotseq75.7(\%)$
2021년 : $(47,230/66,455)\times100\fallingdotseq71.1(\%)$

25 | ②

신용 대출이므로 적용요율은 0.8%
1000만 원$\times0.8\times(100/365)\fallingdotseq21,917$원
원 단위 절사하면 21,910원이다.

26 | ①

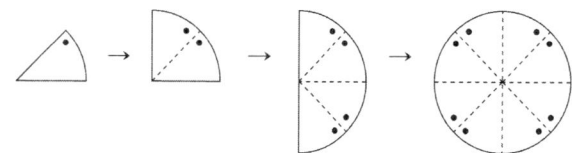

27 | ①

전개도의 맞닿는 면을 표시하면 다음과 같다.

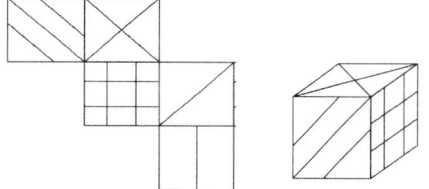

28 | ④

세 단면이 일치하는 입체도형은 ④이다.

29 | ①

②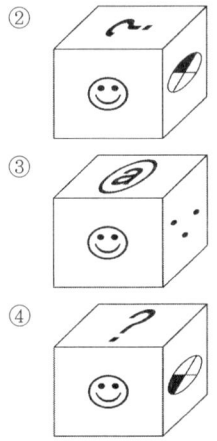

30 | ③

제시된 도형을 가로·세로 대칭시킨 모양이다.

31 | ③

A마을(a), B기업(b), 금붕어 키움(p)라고 할 때, 전제1은 'a→p', 결론은 'a→~b'이므로 결론이 반드시 참이 되기 위해서는 'p→~b(또는 대우 b→~p)', 즉 '금붕어를 키우는 사람은 B기업에 다니지 않는다.' 또는 'B기업에 다니는 사람은 금붕어를 키우지 않는다.'라는 명제가 필요하다.

32 | ④

B의 진술이 거짓이라면 C와 D는 거짓말쟁이가 아니므로 진실을 말한 사람이 두 사람이 되므로 진실을 얘기하고 있는 사람이 한 명 뿐이라는 단서와 모순이 생기므로 B의 진술이 진실이다. B의 진술이 진실이고 모두의 진술이 거짓이므로 A의 거짓 진술에 의해 B는 범인이 아니며, C의 거짓 진술에 의해 A도 범인이 아니다. D의 거짓진술에 의해 범인은 D가 된다.

33 | ②

甲은 丙이 승진하지 못했다고 발언하며, 丙은 甲이 승진하지 못했다고 발언하였으므로 서로 모순된다.

• 甲이 참일 경우
   丙은 거짓을 말하고 있다. 그러므로, 甲은 승진을 했고 丙은 승진을 하지 못했다. 이 경우, 甲이 승진하지 못했다는 丁의 발언도 거짓이며 丁의 발언에 따라 戊의 발언도 거짓이다. 이상 거짓을 말하는 사람이 세 명 이상으로 모순이 된다.
• 甲이 거짓일 경우
   丙은 참을 말하고 있다. 丙은 승진을 했고 甲은 승진을 하지 못했다. 이 경우, 甲이 승진하지 못했다고 발언한 丁의 발언은 참이며 丁이 승진하지 못했다고 발언한 戊의 발언도 참이다. 그러므로, 乙의 발언은 거짓이 된다. 따라서 甲과 乙의 발언은 거짓이며 乙과 丙은 승진을 했다.

34 | ②

주어진 명제에 따르면,
㉠ 부산을 가 본 사람＝서울을 가 본 사람＝여수를 가 본 사람
㉡ 여수를 가 본 사람＝춘천을 가지 않은 사람
㉢ 따라서 서울, 부산을 가 본 사람＝춘천을 가지 않은 사람
②는 ㉢의 대우명제이므로 올바른 것이다.

35 | ③

가을이 와서 날씨가 선선해지면 유리는 어떤 잘못도 용서해준다고 했으므로 ③이 옳다.

36 | ③

제시된 수열은 16씩 일정하게 증가하고 있다. 따라서 81＋16＝97이다.

37 | ①

제시된 수열은 차례로 $\frac{1}{2}$, $\frac{1}{3}$, $\frac{1}{4}$ … 씩 곱해지고 있다. 따라서 $\frac{5}{2} \times \frac{1}{6} = \frac{5}{12}$ 이다.

38 | ④

해당 수열은 $\times 3$, -3이 반복 적용되고 있다.
2 ($\times 3$) 6 (-3) 3 ($\times 3$) 9 (-3) 6 ($\times 3$) $\underline{18}$ (-3) 15 ($\times 3$) 45

39 | ②

해당 수열은 앞의 두 항의 합이 다음 항이 되는 규칙이 있다. 따라서 $1 + 3 = 4$이다.

40 | ①

해당 수열은 항을 두 개씩 끊어서 보면 (n, n^2)인 것을 알 수 있다. 따라서 $(n, 1^2)$이므로 빈칸에는 1이 들어간다.

41 | ②

② 보일의 법칙 : 압력이 증가하면 부피가 감소하고 압력이 감소하면 부피가 증가한다는 법칙이다. 즉 압력이 높으면 기체 입자 사이 간격이 좁아져서 부피가 작아지고, 압력이 작아지면 간격이 넓어지면서 부피가 커지는 것이다.
① 샤를의 법칙 : 온도가 증가하면 부피가 증가하고, 온도가 감소하면 부피가 감소한다는 법칙이다. 뜨거운 물에 찌그러진 탁구공을 넣었을 때 부풀면서 펴지는 현상이 샤를의 법칙이다.
③ 피츠의 법칙 : 목표물의 크기가 작고 움직이는 거리가 증가할수록 운동 시간이 증가한다는 법칙이다.
④ 벤포드의 법칙 : 실제 존재하는 많은 수치 데이터의 10진법 값에서 첫째 자리 확률 분포를 관찰했을 때 첫째 자리 숫자가 작을 확률이 크다는 법칙이다.

42 | ③

일반적으로 탄산음료에는 이산화탄소가 들어있으며, 이 이산화탄소는 산성을 이루는 음이온에 해당하므로 pH가 작다. 뚜껑을 열어놓으면 기체인 이산화탄소는 날아가고 음료의 pH는 증가하게 된다.

43 | ②

① 속력, 방향이 변하지 않음
③ 방향이 변함
④ 속력이 변함

44 | ②

탄력성은 외부의 힘에 의해 변형된 물체가 원래의 모양으로 되돌아가려는 힘으로, 손에 작용하는 탄력성의 방향은 왼쪽이다.

45 | ③

① 식물은 호흡을 한다.
② 광합성을 통해 포도당을 만든다.
④ 식물은 호흡할 때 산소를 흡수한다.

SEOWONGAK